রৌদ্রমেঘের লুকোচুরি

রাফিয়া সুলতানা

রৌদ্রমেঘের লুকোচুরি

ISBN 978-93-5458-668-2
© Rafia Sultana 2021
Published in India 2021 by Pencil

A brand of

One Point Six Technologies Pvt. Ltd.
123, Building J2, Shram Seva Premises,
Wadala Truck Terminal, Wadala (E)
Mumbai 400037, Maharashtra, INDIA
E connect@thepencilapp.com
W www.thepencilapp.com

Author biography

কবিপরিচিতি:- রাফিয়া সুলতানা

জন্ম- ১৯৬৯ সালে ৩রা ফেব্রুয়ারি,পশ্চিমবঙ্গের বীরভূম জেলার সিউড়ী শহরে।পিতা- মরহুম গোলাম রেজ্জাক সাহেব পেশায় অধ্যাপক ছিলেন। মাতা আখতারুম মনির ছিলেন মাধ্যমিক বিদ্যালয়ের শিক্ষিকা।

সিউড়ী রিভার থমসন উচ্চ বালিকা বিদ্যালয় থেকে মাধ্যমিক ও সিউড়ী বিদ্যাসাগর কলেজ থেকে উচ্চমাধ্যমিক পরীক্ষায় উত্তীর্ণ হয়ে সিউড়ী বিদ্যাসাগর কলেজ থেকে পদার্থবিজ্ঞানে অনার্স। বি এড ডিগ্রী অর্জন বহরমপুরের ইউনিয়ন ক্রিশ্চান ট্রেনিং কলেজ থেকে। সিউড়ী সেন্ট্রাল সাবারবার্ন স্কুল ও আরামবাগে শিশুগুচ্ছ স্কুলে কিছুকাল শিক্ষকতার অভিজ্ঞতা। অনলাইন পত্রিকাগুলিতে সাহিত্যচর্চায় ব্যাপক সাফল্য লাভ। বাংলাদেশের সাহিত্য প্রবাহ, নান্দনিক, হৃদপল্লী, পশ্চিমবঙ্গের শ্যামচ্ছায়া বাণীমালা , পদসঞ্চার পত্রিকা, রঙধনু , সব্যসাচী ,বেঙ্গল মিরর আসামের "মানব সাগর " ইত্যাদি বিভিন্ন পত্রিকায় লেখা প্রকাশিত ও সমাদৃত।

পশ্চিমবঙ্গের বেলদা সাহিত্য আড্ডার লোককবি এনামুল আলি খান স্মৃতি সাহিত্য পুরস্কার, স্বপ্নীল সাহিত্যচর্চা পরিষদ,বাংলাদেশের বাংলাদেশ কবিমহল, হৃদপল্লী, শব্দতরঙ্গ সাহিত্য পরিষদের প্রদত্ত সম্মাননা, ত্রিপুরা বাংলা সাহিত্য পরিষদের কাব্যজ্যোতি ও সাহিত্যপ্রভা খেতাব, আসামের মানব ধর্ম বিকাশ পরিষদ কতৃক বিশেষ সম্মাননা ও স্বর্ণপদক প্রাপ্তি।

প্রকাশিত কাব্য গ্রন্থ " সন্ধ্যার মেঘমালা ","বাঁধনহারা ঢেউ "ও যৌথ গল্পের বই "বেদনার বালুচরে "।

তুষার আহাসান

(কবি,সাহিত্যিক ও সম্পাদক পদসঞ্চার পত্রিকা)

রৌদ্রমেঘের লুকোচুরি

CONTENTS

রৌদ্রমেঘের লুকোচুরি

রৌদ্রমেঘের লুকোচুরি
রাফিয়া সুলতানা

উৎসর্গ:-

মাত্র ঊনপঞ্চাশ বছর বয়সে, পৃথিবীর মায়া ত্যাগ করে আমাদের সবাইকে ছেড়ে চলে যান আমার আব্বা মরহুম গোলাম রেজ্জাক সাহেব ! জনসমাজে বড় অমায়িক,ধর্মনিষ্ঠ ও সজ্জন বলে পরিচিত ছিলেন তিনি।

দৈনন্দিন জীবনে বড় অনাড়ম্বর জীবনযাপন ছিলো তাঁর। দুজোড়ার বেশী জামা প্যান্ট পরিধান করতে কখনো দেখিনি। আহারও ছিলো পরিমিত।ছিলেন মিতব্যয়ীও। তবে দানছত্রে কোনরকম কার্পণ্য করতেন না তিনি। গোপনে তিনি অনেক অভাবী ছাত্রছাত্রীকে বইপত্র ও শিক্ষাদান করতেন বলে শোনা

যায়। স্বভাবে ছিলেন বেশ হাস্যরসিক । বিভিন্ন ধরণের প্রাঞ্জল আলাপচারিতায় ও মজার মজার গল্পে আসর জমাতে ও ছোট বড় সকলেরই মন জয় করে নিতে পারতেন অতি সহজেই। তবে আমি খুব ভয় করতাম তাঁকে। বেশি বকা ঝকা করতেন না বটে, তাঁর চোখের অনুশাসনই ছিলো যথেষ্ট। ছোটবেলায় মা অন্যত্র কর্মরত থাকায়, আমি আব্বার সংস্পর্শেই বেশিদিন কাটিয়েছি। তাঁর কাছে ইংরেজি শিক্ষার সৌভাগ্য হয়েছিলো,তাই সেটার উপর ভালোই দখল ছিলো আমার। তাঁর অকাল মৃত্যুতে আমি ভীষণ শক পেয়েছিলাম। মনে হয়েছিলো জীবনে তাঁর কাছ থেকে অনেক কিছু শেখার বাকি রয়ে গেলো। তবু এই সীমিত সময়ে আমার জীবনে তাঁর যে প্রভাব পড়েছিলো, তা ছিলো অপরিসীম। তিনি খুব স্বল্পভাষী ছিলেন। তাই কোনো কিছু মুখে প্রকাশ করতেন না। তবে আমাকে নিয়ে বিভিন্ন কারণে তাঁর যে একটা সুপ্ত গর্ব ছিলো, সেটা অনুভব করেছি। মৃত্যু শয্যায় তিনি আমার মাথায় হাত রেখে যে আশীর্বাদ করেছিলেন, তার দৌলতে আজ আমি এখানে পৌঁছাতে পেরেছি। আমি গর্বিত ও মহান আল্লাহর কাছে কৃতজ্ঞ এমন একজন দরবেশ পিতার সন্তান হতে পেরে। আমার পরম প্রিয় আব্বার স্মৃতির উদ্দেশ্যে আমি আমার এই "রৌদ্র মেঘের লুকোচুরি " কাব্যগ্রন্থটি উৎসর্গ করলাম।

সমস্ত রকম এডিটিং পি'ডি,এফ পেজ পি'ডি,এফ ফাইল মেকার

স্ব-বাক প্রকাশনী

E-mail- bananipatra200@gmail.
com
Phone no -9143098660

কবিতায় হারানো সুর

এটি কবি রাফিয়া সুলতানার তৃতীয় কবিতার বই।শত কবিতা বিকশিত হয়েছে কবি মনে নানা ভাবভাবনার

প্রতিফলন হিসাবে। একটা ধারণা থাকে কবি সম্পর্কে। তারা প্রকৃতিপ্রেমী।অগোছালো।উদাসীন   জীবন   ভাবনায়।এই ধারণাটা একটা সময়ে সাধারণ মানুষের মনে ছিলো।অবশ্যই এ ধারণা এখন সময়ের সঙ্গে পাল্টে গেছে।প্রকৃতিকে কে না ভালোবাসে।পাহাড়,নদী,সমুদ্র,   বন,পাখপাখালি।   বাসস্থানের অবস্থান এবং জীবনযাপনের প্রভাব তো লেখক-কবিদের লেখনিতে ধরা পড়ে।রাফিয়া সুলতানা কবিতা লেখায় পুরানো সাধু শব্দ ব্যবহারে সাচ্ছন্দ্য বোধ করেন।আসলে যে শব্দমালা নেড়েচেড়ে বড় হয়ে ওঠা,সেটাই ব্যবহারে সহজাত হয়ে উঠেছেন।'জুড়াই পরান মিঠে রোদ ও হিমেল হাওয়ায় ভাসি/মিষ্টি মেদুর হেমন্তিকা তোমায় ভালোবাসি!', 'শনশন বেণুবন মর্মরে গায়,/মিঠে বোল হিন্দোল পাতায় পাতায়'।এই যে শব্দমালা এখানে পেলাম,তা কিন্তু কোন পাঠসমস্যা

নেই।সহজ পাঠ্য।নতুন পাঠকের কাছে হয়তো এই শব্দ ব্যাবহার পরিচিত নয়।কোথাও দুর্বোধ্য শব্দ নেই।

কবি কিন্তু বর্তমান সময়কে নানা কবিতায় তাঁর মত প্রকাশ করেছেন।যা আমাদের স্পর্শ করে যায়।শিশুতোষ ছড়াও আছে বেশ কিছু।যার মধ্যে মিশে আছে মজা।ছোটদের পড়তে ভালো লাগবে,আশা করাই যায়।তারই একটার কয়েকটা লাইন উদ্ধৃত করলাম--'ধ্যাততারিকা!ভাল্লাগে না!/ লাগছো কেন পিছু!/এতো কেন প্রশ্ন করো?/আর জানি না কিছু!

কোথায় গেলে পাবে দেখা-/আজব এসব প্রাণী!

সুকুমার রায়কে শুধাও,/আমি কি ছাই জানি?'এখানে দেখতে পাই শিশুকিশোর মনকে আরও আগ্রহী করে তোলেন ভালো

লেখা পড়ার জন্য।তাইতো আসে সুকুমার রায়ের নাম।ভালো লাগবে 'গ্রেফতার ভুত '
লেখাটিও।আনন্দ পাবে ছোটরা।নারীজীবনের দুঃখ যন্ত্রণার কথাও সহজ শব্দ ব্যবহারে তুলে আনেন।
'তোমার ভালো লাগবে কিসে যায় আসে না কারো-/যায় আসে না হলেও তুমি গুণবতী,তারও।'দেশের প্রতি ভালোবাসা।কাশ্মীরের কথাও উঠে আসে।শিল্পী যেমন ক্যানভাসে রঙের ছোঁয়ায় ফুটিয়ে তোলেন তাঁর ভাবনা,তেমনি কবিও শব্দের মালা গেঁথে সাজিয়ে তোলেন মনের ভাবনাকে।ভালো লাগবে ছোট বড় সকলের এটাই আশা।

নরেশমন্ডল,
কবি,কথা সাহিত্যিক,সাংবাদিক।

কবি পরিচিতি:- রাফিয়া সুলতানা

জন্ম- ১৯৬৯ সালে ৩রা ফেব্রুয়ারি,পশ্চিমবঙ্গের বীরভূম জেলার সিউড়ী শহরে।পিতা- মরহুম গোলাম রেজ্জাক সাহেব পেশায় অধ্যাপক ছিলেন। মাতা আখতারুম মনির ছিলেন মাধ্যমিক বিদ্যালয়ের শিক্ষিকা।

সিউড়ী রিভার থমসন উচ্চ বালিকা বিদ্যালয় থেকে মাধ্যমিক ও সিউড়ী বিদ্যাসাগর কলেজ থেকে উচ্চমাধ্যমিক পরীক্ষায় উত্তীর্ণ হয়ে সিউড়ী বিদ্যাসাগর কলেজ থেকে পদার্থবিজ্ঞানে অনার্স। বি এড ডিগ্রী অর্জন বহরমপুরের ইউনিয়ন ক্রিশ্চান ট্রেনিং কলেজ থেকে । সিউড়ী সেন্ট্রাল সাবারবার্ন স্কুল ও আরামবাগে শিশুগুচ্ছ স্কুলে কিছুকাল শিক্ষকতার অভিজ্ঞতা । অনলাইন পত্রিকাগুলিতে সাহিত্যচর্চায় ব্যাপক সাফল্য লাভ। বাংলাদেশের সাহিত্য প্রবাহ, নান্দনিক, হৃদপল্লী, পশ্চিমবঙ্গের শ্যামচ্ছায়া বাণীমালা , পদসঞ্চার পত্রিকা, রঙধনু , সব্যসাচী ,বেঙ্গল মিরর আসামের "মানব সাগর " ইত্যাদি বিভিন্ন পত্রিকায় লেখা প্রকাশিত ও সমাদৃত ।

পশ্চিমবঙ্গের বেলদা সাহিত্য আড্ডার লোককবি এনামুল আলি খান স্মৃতি সাহিত্য পুরস্কার, স্বপ্ননীল সাহিত্যচর্চা পরিষদ,বাংলাদেশের বাংলাদেশ কবিমহল, হৃদপল্লী, শব্দতরঙ্গ সাহিত্য পরিষদের প্রদত্ত সম্মাননা, ত্রিপুরা বাংলা সাহিত্য পরিষদের কাব্যজ্যোতি ও সাহিত্যপ্রভা খেতাব, আসামের মানব ধর্ম বিকাশ পরিষদ কতৃক বিশেষ সম্মাননা ও স্বর্ণপদক প্রাপ্তি। প্রকাশিত কাব্য গ্রন্থ " সন্ধ্যার মেঘমালা ","বাঁধনহারা ঢেউ "ও যৌথ গল্পের বই "বেদনার বালুচরে "।

তুষার আহাসান
(কবি,সাহিত্যিক ও সম্পাদক পদসঞ্চার পত্রিকা)

15

সূচিপত্র:-

১.প্রশংসা সব তোমার

প্রশংসা সব তোমার ,জপি
পবিত্র ঐ নামে,
নিপুণ হাতে গড়লে প্রভু
নিখিল ধরাধামে!
এতো রঙে এতো রূপে
সৃজি বসুন্ধরা -
গড়লে দিয়ে বুদ্ধি বিবেক
মানব, সৃজনসেরা!

দিলে আলো দিলে বাতাস
দিলে জলধারা,
গুণে তোমার সে দান আমি
মুগ্ধ ,দিশেহারা!
সুনীল আকাশ সবুজ কানন
ঊষর মরুভূমি -
ধূসর পাহাড় তুলে চিবুক
গগনে যায় চুমি!

রঙবেরঙের ফুলের বাহার
ফলে ভরা শাখি,
জলে চরে মাছের শ্রেণী
বনে পশুপাখি ।
রাখোনিতো কোনোই অভাব
তবু অবোধ আমি-
চেয়ে চেয়ে ভাসাই দুচোখ

নিত্য দিবসযামি!

ক্ষমা করো নাদান এ প্রাণ
ভরাও এ মন সুখে-
কৃতজ্ঞতা ভ'রে থাকে
যেন হৃদয়-মুখে!
ধন্য আমি তোমার দয়ায়
মানব জনম পেয়ে-
সমাপ্ত হয় জীবন যেন
তোমার গুণ গেয়ে!

২.মিষ্টি মধুর হেমন্তিকা

কুয়াশার ঐ ঘোমটা টেনে নববধূর বেশে
হেমন্তিকা প্রভাত জাগে তন্দ্রালু আবেশে!

গান গেয়ে তার সুরে সুরে সকল ভোরের পাখি
সুদূর দেশের সূর্য সখায় করে ডাকা ডাকি!

সে ডাক শুনে পুবের কোণে লাল আবিরে ভেসে
দিচ্ছে দেখা তরুণ অরুণ সলাজ-রাঙা হেসে!

ফুটলো কুসুম রঙবেরঙের শাখায় শাখায়, গাছে
জুটলো ভ্রমর-প্রজাপতি-মক্ষী ফুলের কাছে!

হিমেল হাওয়ায় বোলায় পরশ পাতায় দিয়ে দোলা
শিশির ভেজা ঘাসে করে ইন্দ্রধনু খেলা।

পড়লো এসে রবির কিরণ কাজলা দীঘির জলে
 তরঙ্গে তার প্রতিফলন হিরার মতন জ্বলে!

জুড়াই পরান মিঠে রোদ ও হিমেল হাওয়ায় ভাসি
মিষ্টি মেদুর হেমন্তিকা তোমায় ভালোবাসি!

৩.বর্ষার গান

সারাদিন রিমঝিম বরষার গানে,
প্রাণে বুঝি লাগে দোল, সুর বাজে কানে।

দিনভ'র ঘন ঘোর আঁধার আকাশ,
মমতায় ছুঁয়ে যায় শীতল বাতাস।

মন বড়ো উতলা যে ,কেন কেবা জানে,
প্রিয়জন দরশন পেতে চায় প্রাণ এ।

সাধ জাগে অনুরাগে বৃষ্টিতে ভিজে,
স্বপনের দেশে কোনো হারাতে যে নিজে !

বনে বনে পড়ে সাড়া, সাজে নব সাজে,
উদাসী এ মন যেন বসে নাকো কাজে।

জল পড়ে পাতা নড়ে ছন্দিত ডালে,
তরুদল উচ্ছল, নৃত্যের তালে।

শনশন বেণুবন মর্মরে গায় ,
মিঠে বোল, হিন্দোল পাতায় পাতায়।

কড়কড় পড়ে বাজ মাঠে ময়দানে,
ভেকদল শোরগোল তোলে কলতানে।

গুনগুন গেয়ে উঠি শুধু আনমনে,
উচাটন প্রাণমন বরষার তানে।

৪.উড়ন্ত বলাকা

সূর্য নিয়েছে বিদায় পশ্চিম গগনে-
দেখছি মেঘের হোলিখেলা
গোধূলি লগনে-
শান্ত দীঘির জলে পড়ছে মেঘের ছায়া,
পাড়ে তার সবুজবনের
নিবিড়-ঘন মায়া!

ধীরে নামছে আঁধার, সন্ধ্যা হলো প্রায়,
বসে দেখি একমনে
চিলতে বারান্দায়--
পাখিকুল ফিরে যায় নীড়ের ভাবনায়,
উড়ে গেলো বারান্দা ঘেঁষে -
পাঁচছ'টা বক সাদাপাখনায় -

দেখে তাদের মনে হলো যাচ্ছে উড়ে --
ঠিক যেন কবির কোনো
কবিতার খাতা!
নয়তো কারো উড়ো চিঠি
ছিঁড়ে ডায়েরীর পাতা!

নয়তো শৈশবের সেই ফুলপরী হবার
অধরা সাধটাই -
যা খেলা করে শিশুসুলভ
অলীক চেতনায়!
নইলে ঠিক-ভোরের কোনো স্বপ্ন আবছায় ,
যা দুষ্টুমিতে
স্মৃতির ধীশক্তিকে ফাঁকি দিতে চায় !

শান্ত ছিলো ক্লান্ত মনন বসে বারান্দায়
উড়ন্ত বলাকা সামনে দিয়ে -
উড়ে গিয়ে সাদা পাখনায়,
ভরিয়ে গেলো শূন্য এ মন
--হাজারো কল্পনায় !

৫.শারদ শোভা

নীলআকাশে পেঁজাতুলো,
নদীরচরে কাশ,
শিউলিফুলে পড়লো ঢাকা
শ্যামল-সবুজ ঘাস!

পুবের হাওয়ায় বাঁশের বনে
পুজোর আগমনী!
শাপলা, শালুক, পদ্ম সাজায়
কালো পুস্করিনী!

ধানের ক্ষেতে নবীন চারা
হাওয়ার দুলে দুলে,
ঢেউ খেলিয়ে যাচ্ছে ছুটে
এলোকেশী চুলে!

জুঁই ,চামেলী ,গন্ধরাজে
পাপড়ি গুলি মেলে,
শুভ্র হাসি গন্ধ বিলায়
সাঁঝের বাতী জ্বেলে!

চাঁদের মেয়ের লুকোচুরি
মেঘবালিকার সনে,
জ্যোৎস্না বাঁধে হাস্নাহেনায়
স্নেহের আলিঙ্গনে!

আকাশ পারে ছড়িয়ে থাকা
মেঘের ভেলায় ভেসে,
পরান মাঝি দিচ্ছে পাড়ি
অজানা কোন দেশে!

শারদ-শোভা মনোলোভা
পুলক জাগায় মনে!
মনকবি আজ মত্ত যে তাই
হৃদয় আলাপনে !

আকাশ পারে ছড়িয়ে থাকা
মেঘের ভেলায় ভেসে,
পরান মাঝি দিচ্ছে পাড়ি
অজানা কোন দেশে!

৬.ঘূর্ণি হাওয়া

বাদল হাওয়া বাজায় বাঁশি
বন্ধদ্বারের আড়ে আসি
উদাস করা সুরে,
মেঘলা আকাশ থেকে থেকে
ঝরায় বারি ঘোমটা ঢেকে
কাহার লাগি ঝুরে!

শালের বনে শনশনিয়ে
ধায়ছে বাতাস হনহনিয়ে
গাছের এলো কেশে,
ডালগুলি তার উথালপাথাল
নেশায় যেন টলছে মাতাল
খিলখিলিয়ে হেসে !

দুরন্ত সে ঘূর্ণি হাওয়া
করছে শুধুই আসা যাওয়া
দীঘিতে ঢেউ তুলে,
টিনের চালা যাচ্ছে উড়ে
বইছে বাতাস শার্সি ফুঁড়ে
রাখতে নারি খুলে!

অঝোর ধারায় দুকূল ছেপে
উপছে দীঘি ফুলে ফেঁপে
সশব্দে কী সুখে !
মন যে বিভোর তার সে তানে
জুড়িয়ে যেন যাচ্ছে প্রাণ এ
দেখে ও রূপ চোখে !

৭.গোলাপরাঙা সেই কাঞ্চনফুল

মনে পড়ে পাঁচিল পারের সেই কাঞ্চনফুল-
গোলাপরাঙা,সৌরভে যার নেইকো সমতুল!
পাঁচিলঘেরা হাসপাতালের মস্ত বাউন্ডারি-
রাস্তা মাঝে, তার এপারে আমার পাকাবাড়ি।

ফাল্গুনেতে উঠতো সে গাছ ফুলের সাজে মেতে,
চমৎকারী সে দৃশ্য তার আজও মনে গেঁথে!
সুগন্ধে তার কিশোরী মন পাগল যেন বড়ো-
মিষ্টি রোদের শীতল সকাল রম্য হতো আরো!

চারিদিকে আলো করা অপূর্ব সে শোভা-
পথচারী দেখতো চেয়ে সে রূপ মনোলোভা!
পাড়তো যখন পাড়ার ছেলে সে ফুল শাখা হতে-
ইচ্ছে হতো অতি মনে তারই কিছু পেতে!

একদা এক- ঝড়ের রাতে ভীষণ হাওয়ার তোড়ে-
গেলো সে গাছ হুড়মুড়িয়ে মাটির উপর পড়ে!
সুযোগ বুঝে লোভী লোক এক সাতসকালে উঠে-
নিয়ে গেলো সমস্ত গাছ কুড়ুল দিয়ে কেটে!

ঘুমের থেকে উঠে হঠাৎ অবাক হয়ে দেখি-
এমন ধারা করছে যে কাজ পাগল তবে সেকি?
এ দৃশ্যতে কোমল হৃদয় করলো বিলাপ কত!
প্রিয় সে ফুল হারিয়ে গেলো চিরদিনের মত!

৮.নিষ্ফল স্বাধীনতা

স্বাধীনতা স্বাধীনতা বলে
এত যে চিৎকার করি-
সত্যিই কি স্বাধীনতা পেয়েছি আমরা?
স্বাধীন হয়েছে এ দেশ?
রয়ে গেছে একটা জিজ্ঞাসা চিহ্ন --
অন্তহীন -অনন্ত- অবিরাম- অনিঃশেষ!

কিসের স্বাধীনতা?
আমরা কি পেয়েছি
মুক্তকণ্ঠে প্রতিবাদের অধিকার ---
অন্যায়-অবিচারের বিরুদ্ধে?
পর্যাপ্ত ব্যবস্থা আছে কি -
ঠগ- জোচ্চোর-প্রতারকদের বিপক্ষে?
উপযুক্ত শাস্তি পায় কি---
স্বৈরাচারী-দুর্নীতিগ্রস্ত -মস্তানদের দল ?
আছে সবই আইন কানুন, আদালত, বিচার-ব্যাবস্থা।
তবু সবই নিষ্ফল!

বিনা ঘুষে কি হয় কোন কাজ আদায়!
ডিগ্রী পাওয়ার পরও কি হয়েছে ঘরে ঘরে চাকরি?
কৃষকরা কি পায় উপযুক্ত মূল্য কৃষিপণ্যের?
নারী কি পায় -
পথে ঘাটে নিশ্চিন্তে চলা ফেরার আশ্বাস?
রোগী কি পায়
ন্যায্য মূল্যের বিনিময়ে যথাযথ চিকিৎসা?
হয় নি এখনো তা---
ফলে -শুধুই দীর্ঘশ্বাস!

শিশুরা কি পায় প্রকৃত মানুষ হওয়ার শিক্ষা?
গড়ে কি উঠেছে বয়স্ক-নাগরিক, প্রতিবন্ধী মানুষের মর্যাদা
রক্ষার উপযুক্ত সচেতনতা?
সর্বোপরি, হয়েছে কি---
জাতি-ধর্ম-বর্ণ নির্বিশেষে সকল মানুষকে
মানুষ মনে করে
তার যথার্থ মান-সম্মান ও জীবন সুরক্ষার ব্যবস্থা ?
আছে সবই, কিন্তু তা সীমাবদ্ধ---- পুঁথিতে!
কার্যকরী হয়নি কিছুই -
প্রকৃত অর্থে।
অতি কঠিন- মর্মান্তিক -শোচনীয় দুরবস্থা!

৯. আবোল তাবোল
(শিশুতোষ ছড়া)

বনের ধারে দীঘির পাড়ে এক সে ছিলো গাছ-
ফুলের স্থানে ধরতো তাতে- রঙবেরঙের মাছ!
অনেক দূরে পাহাড়পুরে ছিলো সে এক বুড়ি -
মইয়ে চড়ে সে মাছ পেড়ে ভরতো সে তার ঝুড়ি,
তারপরেতে মাছ নিয়ে সে বেচতো হাটে মাঠে,
এমনি ক'রে সুখের ঘোরে দিন যে যেতো কেটে।

সেই গাঁয়েতে ধুমধামেতে লোকের হলে বিয়ে-
ঘর সাজাতো ফুলদানিতে সে মাছ গুঁজে দিয়ে!
একবার খুব বায়না ক'রে রাজার ছোট মেয়ে-
ডিগবাজি দেয় ছাদের উপর সে মাছ ভাজা খেয়ে!
তারপরেতে বিষম লেগে মেয়ের হলো হাঁচি!
নাক থেকে তার বেরিয়ে এলো জ্যান্ত সকল মাছই!

রাজা উঠে ভীষণ চটে করলো তলব সেপাই-
হুকুম হলো পাকড়ো বুড়ি! মুণ্ডু খানা কোপাই!
এলে বুড়ি শুধায় রাজা কোথায় পেলে মাছ এ
নিয়ে গেলো বুড়ি তাকে গভীর বনের মাঝে !
সেপাই যখন কুড়ুল দিয়ে কাটতে গেলো গাছ-ই,
হাত পা তুলে সে গাছ তখন করলো শুরু নাচ-ই!

রাজা তখন ভিরমি খেয়ে কপালে চোখ তুলে-
কোথায় বাড়ি, হাড়ির খবর- সবই গেলো ভুলে!
দেশবিদেশের নামী দামী কতই এলো বদ্যি-

সারলো নাকো রাজার ব্যামো কিছুতে এক রতি্য!
হঠাৎ সে এক স্বপ্নাদেশে জানতে পারে বুড়ি-
বাঁধিয়ে দিতে হবে সোনায় - গাছের সারা গুঁড়ি!

করলো যে তাই তক্ষুণি তা রাজার বড়ো রাণী-
সারলো রাজা, থামলো বুড়ির সকলই হয়রানি!
সেই থেকে রোজ দেখতে আসে দেশবিদেশের লোকে-
মাছওয়ালা সেই গাছটা কেমন নাচতো থেকে থেকে!
আজও পাবে তার যে দেখা! বলছি কি ছাই! থুড়ি!
করলে পাবে গাছের হদিশ একটু----- খোঁড়াখুঁড়ি!

১০.লুটাই তোমার মাহাত্ম্যানুভবে

মানুষ রূপে জন্ম দিলে ধরার ধুলায় আনি
কৃতজ্ঞ তাই তোমার কৃপায় পেয়ে জীবন খানি।

হতেম যদি মক্ষী-মশক কিমবা পশুপাখি
এমন বিপুল দয়া তোমার বুঝতো না এ আঁখি।

অনুভবের শক্তি দিলে, বুদ্ধি দিলে মাথে
তাই এ বহুল জ্ঞানের প্রয়োগ করছি দুনিয়াতে।

করছি বিজয় পাহাড় শিখর ,সমুদ্র অতলে
করছি ভ্রমণ অবাধে আজ শূন্যে জলে স্হলে।

জ্বলছে রাতে বিজলীবাতি, ঘুরছে হাওয়ার পাখা,
যাচ্ছে এখন সারাভুবন মুঠোয় পুরে রাখা!

ছুটাই রকেট মহাকাশে, উড়াই বিমান নভে-
দিচ্ছি পাড়ি গ্রহান্তরে ছাড়িয়ে বাধা সবে।

রহস্য সেই উদ্ঘাটনে যুঝছি বারোমাসে
কেমন করে গড়লে নিখিল বিশ্ব মহাকাশে!

যতই দেখি সৃষ্টি তোমার বিস্ময়েতে মরি-
কত নিখুঁত হস্ত তোমার! নিপুণ কারিগরি!

ধন্য আমি জন্ম নিয়ে মানুষ রূপে ভবে
চরণতলে লুটাই তোমার মাহাত্ম্যানুভবে!

১১. জীবন যেরকম

জীবন তো নয় সরল পথ এক
কুসুম দিয়ে মোড়া-
বিড়ম্বিত ভাগ্যলিপির
কাঁটার তারে ঘেরা !
ভাববে তুমি ডাইনে যাবে
দেখবে সেথায় খাঁড়ি,
বাঁয়ের পথে ভাগ্য তোমার
ফাঁদটি রাখে পাড়ি!

সমুখ পানে চাইলে যেতে
দেখবে পাহাড় খাড়া,
দেখবে কখন ভাতের পাতে
ছাই রয়েছে বাড়া!
এমনি অনেক গল্পকথা
লোকের মুখে শুনি,
এমনি ভাবেই পার হলো পথ
কতই সাধু গুণী!

আঁধার যদি নামে পথে
ধৈর্য্য রাখো ধরে,
পরম প্রভুর সঙ্গ তোমায়
রইবে আলো করে!
এই দুনিয়া বন্দীশালা
পুঁথির পাতায় কয়,
সফল হবে সেই জ্ঞানী যে
সবুর করে রয়!

১২.প্রস্রবণের স্বপ্নদর্শন

গভীর সে কোন বনতলে সহস্র ক্রোশ দূরে -
স্বপ্ন দেখে প্রস্রবণ এক- জাগলো পাহাড় ফুঁড়ে!

দুঃখ ব্যথার অশ্রুধারা সঞ্চয়েতে যত-
বুকের ভিতর, হঠাৎ বেরোয় লাভাস্রোতের মত!

পাহাড় ভেঙে গড়িয়ে এলো নুড়িপাথর শত-
চাপা দেবার ছলে সে স্রোত-ধারায় ক্রমাগত!

মানলো নাকো কোনই বাধা দুরন্ত সে ধারা-
ছুটলো বেগে সমুখ পানে ভেঙে প্রাচীর কারা!

পাহাড় বেয়ে রুক্ষ পথে গড়িয়ে পড়ে বেগে-
ভাঙলো যত বাধার পাথর সে ধার গায়ে লেগে!

ডাক শোনে সে সুদূর পারে অচিন পারাবারের -
সংকল্প তাই তো দেশে-দেশান্তরে পারের!

সত্যি হবে হয়তো স্বপন হাজার বছর পরে-
আশাতে সেই বেঁধে সে বুক উছলে নিতি গড়ে!

১৩.বারান্দাতে সময় কাটে

দীঘির কালো জলে
থেকে থেকে পানকৌড়ি
ডুবকি দেবার ছলে
ধরছে বুঝি মাছেরপোনা
স্বকীয় কৌশলে।

ঢেউ তুলে সেই জলে
করছে সুখে ঘোরাফেরা
মাছেরা দলবলে,
থেকে থেকে ছলাৎ করে
লাফায় উপরতলে!

মাছরাঙ্গা এক- পাখি
বসে বসে ডুমুরশাখায়
করছে ডাকাডাকি।
করছে শিকার ছোঁ-মেরে সে
জলের 'পরে থাকি।

দীঘির উপকূলে
বুনোঝোপের জঙ্গলেরা
সেজে ফলেফুলে,
বাতাস লেগে ডালপালাতে
উঠছে দুলে দুলে!

দূরে তালের সারি

পাশের বাড়ির বোনের সাথে
করে- ভাব আর আড়ি,
বোন নারিকেল হাতছানি দেয়
পাতার বাহু নাড়ি।

খেজুর গাছের কাঁখে
জড়িয়ে থাকা জংলী কোনো
লতাপাতার ফাঁকে,
ঘাপটি মেরে চঞ্চলা এক
শালিকপাখি থাকে।

দীঘির ধারে ঘোরে,
এদিক ওদিক কখনো বা
ফুড়ুৎ ফুড়ুৎ ওড়ে,
কুড়ায় শুখা লতাপতা
পাড়ে যা রয় প'ড়ে।

করে যাওয়া আসা ,
ব্যস্ত হয়ে বানায় বুঝি
গাছে সে এক বাসা,
দেখে এ সব ,বারান্দাতে
সময় কাটে খাসা!

১৪.কোথা গেলি বর্ষারে

কোথা গেলি বর্ষারে !
আয় বাবা, আয় না!
তুই বিনে প্রাণ আর -
টিকতে যে চায় না!

হাঁসফাঁস গরমেতে
শ্বাস রাখা যায় না!
কেন আজও এলিনেকো,
কেন এতো বায়না?

দরদর ঝরে ঘাম
কাজে মন যায় না!
খাবারেও নেই রুচি
ছেলেপুলে খায় না!

গায়ে জামা রাখা দায়
হাওয়া যেন পায় না,
গরমের চোটে ঘুম
আসতেও চায় না!

সূর্যটা গিলে খেলো
যেন কোন হায়না!
অকালেতে গেলে জান,
তোর বুঝি দায় না?

ঋতুদেব ঠিক মত
দেয়নি কি মাইনা?
করলি কি হরতাল?
অভিমান ! তাই না?

প্রাণ করে আইঢাই!
আর বাঁচা যায় না!
তোকে ছাড়া এই ক্ষণে
আর কিছু চাই না!

চারদিকে হাহাকার
কানে কিসে যায় না?
নয় দেরী, পায় পড়ি
আয় সোনা, আয় না!

১৫.ভালোলাগা

একঝাঁক বালিহাস কোথা থেকে উড়ে-
সকালে করেছে ভিড় আমার পুকুরে!
সারাদিন একভাবে বসে আছে তারা-
নেই যেন কোন কাজ, নেই কোন তাড়া!
থেকে থেকে কেউ কেউ কিচি মিচি সুরে-
ঝাঁক ছেড়ে উড়ে বসে এতোটুকু দূরে।

সারাদিন গিয়ে শেষে সাঁঝ নামে ধীরে-
আমি বসে চেয়ে দেখি কবে যায় ফিরে!
নেই ইঁশ হাঁসেদের , নেই কোন সাড়া-
নিজমনে মশগুল ,হয়ে মাতোয়ারা।
ক্রমে রবি ডুবে যায় দিগন্ত কোণে,
তবু কোন নেই চাড় হাঁসেদের মনে!

আঁধারেতে ঘিরে ফেলে চারিধারে আরো-
নড়েছে টনক বুঝি এইবারে কারো!
কিচিমিচি কলরবে ঘুঙুরের সুরে-
দলবেঁধে সবক'টি গেলো তাই উড়ে!
গোল গোল আকাশেতে ঘুরপাক দিয়ে-
উড়ে যে বেড়ায় শুধু দলবল নিয়ে!

হারিয়েছে পথ বুঝি বালিহাঁস গুলি,
তাই করে হাহুতাশ শোরগোল তুলি!
নুপুরের ধ্বনি যেন বেজে ওঠে কানে-
ভরে মন সুমধুর সেই কলতানে!
কিছু পরে ফেরে ওরা দিয়ে সারি সারি-
ভ'রে রয় এ হৃদয়ে ভালোলাগা ভারি!

১৬. জমছে ভালোই শীত
(শিশুতোষ ছড়া)

হিমেল হাওয়ায় রথ ছুটিয়ে
জাঁকিয়ে এলো শীত,
গাছগাছালি জড়সড়
কাঁপছে বাড়ির ভিত!
ঠাণ্ডা জলের লাগলে ছোঁয়া
ঠাকুরদাদা চিত,
ঠকঠকিয়ে মরছে দিদা ,
হারাচ্ছে সম্বিত!

শিয়াল বনে আপন মনে
সাধিছে সঙ্গীত !
সুর মেলালো হুতোম পেঁচা
সঙ্গে আচম্বিত!
হুক্কাহুয়া , কেয়া হুয়া?
লাগছে কেমন মিত?
দোস্ত্‌ জানায়, আচ্ছা হুয়া,
জাগছে মনে প্রীত !

বসায় আসর চাঁদনী রাতে
শিয়াল একত্রিত ,
তীক্ষ্ণ সুরে সব শিয়ালী
ধরলো কষ্টে গীত!
তারস্বরে শোনায় যে যার
কণ্ঠ সুনিশ্চিত !

চলছে বুঝি গানের লড়াই
হার হবে না জিত!

শীতল হাওয়ায় শিরশিরানি
দাপিয়ে বেড়ায় শীত!
দীঘির উপর বাষ্প ওড়ে
ধোঁয়ায় হয়ে থিতু।
ছানাপোনা এমনি রাতে
খেলছে চু কিত কিত!
জমছে ভালোই চাঁদের আলোয়
হাড় কাঁপানো শীত!

১৭.জ্ঞানের সাধক শিক্ষাগুরু

নবীন চারাগাছ যে শিশু ভূমির পরে ওঠে,
শিক্ষা-আলো পেলেই তাতে জ্ঞানের কুসুম ফোটে।

কচি কাঁচা শিশুই জেনো সম্পদ এ জাতির,
মা যে দিলেন প্রথম আকার সন্তানে সে মাটির!

মায়ের হাতেই হাতে খড়ি ,লেখাপড়ার শুরু,
তারপরেতেই পাঠশালাতে শিক্ষা দিবেন গুরু।

শিক্ষকই দেন চলার মাঝে সঠিক পথের দিশা ,
শিক্ষাপ্রদান ধর্ম যে তাঁর,নয়তো শুধুই পেশা।

শিক্ষাগুরুর হাতটি ধরেই চলতে শেখা পথে,
গড়েন তিনি কঠোর শ্রমে জাতির ভবিষ্যতে!

পিতার স্নেহে, মায়ের প্রেমে মানুষ করেন শিশু।
মেরুদণ্ড জাতির সেজন, শ্রদ্ধা সমীপেষু ।

শিক্ষাপ্রচার ধ্যান যে তাঁদের ,জ্ঞানের সাধক তিনি
আজন্ম তাই তাঁরই কাছে থাকবো মোরা ঋণী।

প্রণম্য সে, নমস্য সে, অর্ঘ্য জানাই তাঁকে,
স্মরণ করি আরও- প্রথম শিক্ষাদাত্রী মাকে!

১৮.এক যে ছিলো উকুনবুড়ি
(শিশুতোষ রম্যছড়া)

ছিলো সে এক উকুনবুড়ি উল্লাপাড়ায় বাস-
গ্রামটি জুড়ে সুখ্যাতি তার ,দেখবি যদি -- যাস।
জল ছুঁলে সে ভিরমি খেতো উর্দ্ধে উঠে শ্বাস-
স্নান না করেই তাই সে কাবার করতো বছর মাস!
চামড়াতে তার ময়লা পুরু মাছের যেমন আঁশ!
চুলকালে গা গড়ান খেতো দেখতে পেলেই ঘাস।
বটের ঝুড়ি চুলে বুড়ির উকুন ছিলো চাষ!
উড়তো উকুন ,ঝরতো দ্বিগুণ , ভরতো চারিপাশ!
দেখলে তাকে গাঁয়ের লোকে জাগতো মনে ত্রাস!
গাঁয়ের মোড়ল অবশেষে শোনালো ফরমাস-
সে জন পাবে ফ্রি তে রেশন, বেতন বারোমাস
যে জন বুড়ির কাটবে সে চুল করতে উকুন নাশ।

তাই না শুনে এগিয়ে এসে শহুরে এক নার্স-
শুঁকিয়ে বুড়ির ঘুম পাড়ালো মহুয়া নির্যাস!
তারপরে তে কি যে হলো শুনতে যদি চাস-
চুপটি করে থাক না বসে, করিস নে হাঁসফাঁস।
গাঁদাল রসে শিরিষ ঘঁষে বুড়ির হাড় ও মাস
নার্সটি তাকে করিয়ে স্নান বানালো ফাসক্লাস!
বোতল খানেক নিমের পাচন মিশেল করে খাস-
আচ্ছা করে বুড়ির মাথায় মাখায় চবনপ্রাস!
সেই ওষুধে ঝরলো লাখে উকুন হয়ে লাশ-
মুড়িয়ে শেষে বুড়ির মাথা পরীক্ষাতে পাশ !
শতায়ু পার করেও সে রয়েছে বিনদাস -
গিনিজ বুকে নাম উঠে মিস-এন্ডার-ইউনিভার্স !

১৯.বসন্ত উচ্ছ্বাস

ফাগুন কি আর ভাবুক হৃদে সময় গুণে আসে?
ফাগুন সদাই প্রকৃতিরে যে জন ভালোবাসে!
পুলক জাগে জ্যোৎস্নালোকে চন্দ্র যখন হাসে-
কিংবা যখন মুষলধারায় বৃষ্টি ঝরে ঘাসে!

কে বলে ভাই ডাকলে কোকিল ফাগুন শুধু আসে?
উদাসী হয় রসিক যখন মেঘের ভেলা ভাসে!
সারবেঁধে ঐ উড়ে যাওয়া বলাকা, আকাশে!
হিমেল হাওয়ার পরশেও ভরা পৌষ মাসে!

আছড়ে পড়া সাগরবেলায় তরঙ্গ উচ্ছ্বাসে
শিশির ঝরা ঘাসের আগায় হিরণ্য প্রভাসে!
দখিনপবন দোলায় যখন শুভ্র কাশের রাশে-
গুঞ্জরণে হাজার ওলি প্রেমিকমনের পাশে!

গোধূলিতে সপ্তরাঙা আবির-বিন্যাসে,
সুচিত্রিত মেঘমালায় দিগন্ত-ক্যানভাসে,
মর্মরে গান নারিকেলের শাখায় মহোল্লাসে-
তখনও তো হৃদয়বনে বসন্ত উচ্ছ্বাসে !

২০.আজব প্রাণী
(শিশুতোষ ছড়া)

রাম গরুড়ের ছানা-
হাসতে ছিলো মানা!
ট্যাঁশগরু যে, পাখির মত
উড়তো মেলে ডানা!

এক যে ছিলো হ্যাংলা মতন
নাম যে হুঁকোমুখো,
বাংলা যে তার বাড়ি ছিলো,
গন্ধ পেলে শুঁকো!

ল্যাগবেগিয়ে হাঁটতো সে জন
ল্যাগব্যাগার্নিস নাম!
জানি না তো- কে তার মা-বাপ
কোথায় যে তার ধাম!

মুখ ছিলো তার হাঁসের মতো
সজারু সে পিঠে,
হাসজারু তার নামটা ছিলো,
শুনতে কি নয় মিঠে?

কাচুমাচু মুখ ছিলো তার,
গায়ে দিতো ঘাম!
ঘাবড়ে যেতো কথায় কথায়
বেচারাথেরিয়াম!

ধ্যাততারিকা! ভাল্লাগে না!
লাগছো কেন পিছু!
এতো কেন প্রশ্ন করো?
আর জানি না কিছু!

কোথায় গেলে পাবে দেখা-
আজব এ সব প্রাণী?
সুকুমার রায়কে শুধাও,
আমি কি ছাই জানি?

আরও কত কিই যে ছিলো
পড়ছে নাকো মনে!
জানতে গেলে,বই পড়ো তাঁর
নয়তো খোঁজ বনে!

২১.জন্ম যখন নারীর

জন্ম যখন নারীর তখন ভুগতে তোমায় হবেই
যতই তুমি শিক্ষিত হও ,প্রাচীর তোমার সবেই!

ডাক্তার বা ইঞ্জিনিয়র শিক্ষিকা বা সভ্য
পুতুল তুমি সবার হাতে এটাই ভবিতব্য !

তুষ্ট তোমায় করতে হবে পর বা আপন সবেই
পারো যদি করতে সমাজ বলবে সুশীল তবেই!

তোমার ভালো লাগবে কিসে যায় আসে না কারো-
যায় আসে না হলেও তুমি গুণবতী, তারও!

কৃচ্ছ্বসাধন সবার তরে জন্ম যখন নারীর
বাইরে ভোগ্য নরপশুর, সেবাদাসী বাড়ির!

যতই তুমি বেড়াও বিদেশ, চালাও নিজের গাড়ি-
দাওনা পাড়ি মহাকাশে, তবুও তুমি নারী!

নিরাপদ নওকো কোথাও নির্মম এই পৃথ্বী-
নারী সমান,নারী স্বাধীন নেই এ কথার ভিত্তি!

মানায় সে বাক পুঁথির পাতে,মানায় সভার তর্কে
আরেক নারীই দুষবে তোমায়, লাভ কি বলে পরকে!

২২.গ্রেফতার ভুত
(শিশুতোষ ছড়া)

এক যে ছিলো প্যাংলা মতন
মামদোভুতের ছানা,
চাঁদ উঠলে আহ্লাদেতে
হতো সে আটখানা!
উল্টে খেতো ডিগবাজি আর
উড়তো মেলে ডানা!
কখনো বা করতো শুরু
গড়িয়ে হামাটানা!

পেল্লি যে বোন, হাটেমাঠে
করতো আনাগোনা ,
তেঁতুলগাছে ঠ্যাং ঝুলিয়ে
দুলতো দিয়ে ত্যানা !
করতো সেও দাপাদাপি
শুনতো নাকো মানা!
খেলে বকা মুখখানা তার
করতো হাড়িপানা!

মা ছিলো তার শাঁকচুন্নি ,
ব্রহ্মদত্যি নানা!
রাত্রি হলে ধরতে শিকার
দিতো দুজন হানা।
আনতো ধরে জ্যান্তমানুষ,
ঘেঁটে সব আস্তানা !

তারপরেতে নাক ডাকাতো
দিনের বেলায় টানা!

তার যে ছিলো খুড়তুতো ভাই
ছিলো সে রাতকানা,
ছলচাতুরী কোনকিছুই
ছিলো না তার জানা-
তাই বেচারার জুটতো নাকো
কোনই খানাপিনা!
শ্মশানঘাটে বসে শুধুই
খেতো নকুলদানা!

তার যে বাবা- মামদো ভুতের
ছিলো মুন্সিয়ানা !
কোথায় গেলে জুটবে খোরাক
বুঝতো ষোলআনা!
আনতো ধরে ছোটবড়ো
আস্ত মানুষ নানা !
পেপসি, কোলা সহযোগে
জমিয়ে দিতো খানা!

অতিষ্ঠ তার উপদ্রবে
ছুটলো সবাই থানা!
আসলো পুলিশ, হলো জারি
ওয়ারেন্ট-পরোয়ানা !
কিন্তু ব্যাটা গুষ্টি ভুতের
বড়ই যে সেয়ানা!
মিললো নাকো তাদের টিকির
কোনই সে নিশানা!

অবশেষে খাটিয়ে মাথা
ওঝাই হোলো আনা!
মন্ত্রতন্ত্র ফন্দিফিকির
ছিলো অনেক জানা!
ফাঁদ পেতে সে ধরলো শেষে
সকল ভুতের ছানা!
গ্রেফতারিতে সব ভুতেদের
ভরলো কয়েদখানা!

২৩.রৌদ্রমেঘের লুকোচুরি

মেঘমালার মেখলা দিয়ে
টুকলি দেবার ছলে
একমুঠো রোদ ছলাৎ করে
পড়লো এসে জলে,
রবির ছটা ঝলমলিয়ে
উঠলো দীঘির তলে
হাজার হীরামানিক যেন
প্রদীপ্ত প্রজ্জ্বলে!

এমন শোভা মনোলোভা
হয়নি দেখা আগে
দেখে সে রূপ মুগ্ধ দুচোখ
পুলক মনে জাগে,
মেঘের ফাঁকে আবার তপন
লুকায় রসরাগে
আঁচলে মা যেন খোকায়
আনিতে চায় বাগে!

মুক্তামানিক জলের উপর
ছড়িয়ে রাশি রাশি-
ক্ষণেক পরেই আবার যখন
ঝরে রোদের হাসি
সোহাগভরে বলছে যেন
তোমায় ভালোবাসি -
খুশিতে তাই ধাবিছে ঢেউ
বাদল বায়ে ভাসি !

ফাঁকি দিয়ে মেঘলা মাকে
সারাটা দিনভরে-
লুকোচুরির মজার খেলায়
কাটায় দিবাকরে!
মজে তাদের রঙ্গরসে
বিতাই অবসরে ,
ভাগ্যে বাসা বেঁধেছিলেম
দীঘির পাড়ে ঘর এ !

২৪.কত কি যে লাগে ভালো

ভালো লাগে অনেক কিছুই
বলছি কিছু তারই
ঐ যে চরে শান্ত ঘুঘু
ডাকছে মধুর ভারি!

ঐ যে ছোটে হরিণ শাবক
চাকা চাকা গায়
দারুণ লাগে তীরের বেগে
বনে যখন ধায়!

এতই দ্রুত চরণ ফেলে
ফেলতে পলক নাই!
ধুকুধুকু বুকের আওয়াজ
শুনতে যেন পাই!

রঙবেরঙের ঝিনুক রাশি
বালুর পরে জাগে
আকাশ রঙের কাব্য যেন,
ভীষণ ভালো লাগে!

রুপোলী আর নীলচে সবুজ
রঙিন রঙিন মাছ!
কতই ভালো লাগে যে তার
যায় কি পাওয়া আঁচ?

গোলাপী আর স্বর্ণ আভায়
ফোটে ভোরের আলো
নতুন যেন গল্পপরীর
বড়ই লাগে ভালো!

অন্ধকার ঐ রাতে যখন
আকাশে চোখ যায়
হাজার হাজার প্রদীপ যেন
মিটমিটিয়ে চায়!

কত কি যে লাগে ভালো
ভাবছি আমি বসে!
যায় কি বলো শেষ করা তা
অঙ্ক কষে কষে?

২৫.অনুপ আমার বাসা

সবুজ গাছের নিবিড় ছায়া কাজলা দীঘির ধারে
নারিকেলের গাছগুলি সব দাঁড়িয়ে সারে সারে।

সেই সে দীঘির অন্য পাড়ে অনুপ আমার বাসা
পুব দখিনের হাওয়ায় ভরা ঘরখানি সেই খাসা।

এক- ধারে তার রোদের প্রভা অন্য ধারে ছায়া
রৌদ্রছায়ার স্পর্শসুখে জুড়াই তনু কায়া!

মাছরাঙ্গা আর পানকৌড়ি সারাটিদিন ওড়ে।
চরে বেড়ায় বক সারসে দীঘির কিনার ধ'রে!

ভোরে সাঁঝে গান যে শোনায় বিবিধ রকম পাখি,
বাসায় ফেরার পথে বুঝি যায় আমারে ডাকি।

চোখ ফেরালেই চারাধানের সবুজ ক্ষেতের সারি,
অন্যধারে রাজপথেতে ছুটছে ঘোড়া গাড়ি।

একধারেতে শহর নগর অন্যধারে গ্রাম,
মধ্যিখানে বনে সে ধাম গীতাঞ্জলি নাম।

বিমানঘাঁটি কাছেই যে তার শহরখানির শেষে,
সশব্দে তাই বিমান ওড়ে মাথার উপর ঘেঁষে!

রাত্রি হলে শিয়াল ডাকে হুক্কাহুয়া রবে,
কাটাই প্রহর সকাল নিশীথ অনন্যানুভবে!

রৌদ্রমেঘের লুকোচুরি

২৬.পবিত্র দিবস মহরমের আশুরা

জনগণে সহমতে নির্বাচনে যাকে,
আল্লাহতায়ালার প্রতিনিধি " খলিফা " কয় তাকে।
বন্ধু নবীর আবুবকর, ওমর মহাবলী,
ওসমানের পর খলিফা হন জামাই হযরত আলী।
মাবিয়ার পরে হলেন নির্বাচিত যিনি,
মোহাম্মদের দৌহিত্র ইমাম হোসেন তিনি।
মাবিয়া পুত্র এজিদ ছিলো দুষ্ট অহংকারী,
খলিফা সে আপনি নিজে করলো স্বয়ং জারী।
চাইলো যখন নিতে সবার মতের সমর্থন, ইমাম হোসেন করেননি
তার আত্মসমর্পণ।
তারফলে সে করলো মনে ষড়যন্ত্র অতি
করতে ইমাম হোসেনের অনিষ্ট ও ক্ষতি।

ইরান দেশের কুফাবাসীর আমন্ত্রণে যবে
ইমাম হোসেন সবান্ধবে রওনা দিলেন সবে,
অত্যাচারী এজিদ রাজার দুষ্ট প্রতিনিধি
দাঁড়ায় এসে সসৈন্যে তাঁর পথটি অবরোধি।
রুক্ষমরু কারবালা সে , প্রখর রবির কর,
অবরুদ্ধ ফোরাত নদী, তপ্ত বালুর চর।

ক্লান্ত সবে শিশু নারী, হোসেন স্বজনসাথী ,
তিনটি দিবস পানি বিনা তৃষ্ণাকাতর ছাতি!
কঠোর রাজার নিষ্ঠুর সেনা নিরস্ত্র সেই জনে
হত্যালীলা চালায় তাদের অসম এক রণে !
নৃশংস সেই ঘটনাটি কারবালা প্রান্তরে
আজও জাগায় মর্মপীড়া জনতার অন্তরে।

স্বৈরাচারীর রুখতে শাসন, দমনপীড়ন নীতি
সপরিবারে হোসেন শেষে বরেণ শাহাদতই।
কষ্ট শত সয়েছিলেন নবীর নয়নমণি,
তবুও পিছু হটেননিকো, ন্যায়ের পথে রণি ।
স্মরণীয় চরম দিনের তাঁর এই করুণ গাথা,
করছে স্মরণ তাই আপামর মুসলমান ভ্রাতা।

মর্মান্তিক বেদনাদায়ক আজ আশুরার রাতে
এসো সবাই স্মরি তাঁদের বিনম্রতার সাথে।
অনেক নবীর কাহিনী সব দশই মহরমে ,
সাক্ষী অনেক ইতিহাসের ,ক্ষণটি রাখো মনে।
দুদিন ধরে রোজা রাখেন তাইতো মুসলমানে
পবিত্র এই দিবসটিরই গুরুত্বে ,সম্মানে !

২৭. বয়সেতে কম
(শিশুতোষ ছড়া)

দাদা বলে ভাইয়ে, বল কটা বাজে ঘড়িতে?
বলে ভাই কীযে বলি ,কাঁটা থাকে নড়িতে!

বলে দাদা পৃথিবীটা গোল নাকি চ্যাপটা?
চ্যাপটা তো! বলে ভাই খুলে বইয়ে ম্যাপটা,

দাদা বলে বল দেখি জলে রঙ আছে কী?
ভাই দেখে ডিক্সনারী 'রঙ-হীন ' মানে কি?

বলে দাদা বল কেন বিদ্যুৎ চমকায়?
বলে ভাই জানো না কি, মেঘ ডেকে ধমকায়!

বল তবে দাদা কয় কেন ঝরে বৃষ্টি?
"বকা খেলে কাঁদবে না? একি অনাসৃষ্টি? "

বলে দাদা বল দেখি কেন হাসে রোদ্দুর?
"একজাম নেই কোন , তাই! জানি যদ্দুর ",

দাদা বলে গরমেতে বল কেন ঝরে ঘাম?
" গরমেতে পাকে দেহ, রস তার পরিণাম! "

দাদা কয় শীতে কেন জমে জল বরফে?
শীত-ভয়ে ! উত্তর ভাইয়ের তরফে।

লিপ-ইয়ার কবে হয়? বলে দাদা এবারে,
ভাই বলে দেয় লাফ, পৃথিবীটা যেবারে!

দাদা বলে তোর দেখি ঘটে মাল বড় কম!
বয়সেতে কম কিনা ! ভাই বলে ফেলে দম!

২৮.ভারত আমার ভারতবর্ষ

ভারত আমার ভারতবর্ষ! সোনার স্বদেশ ভূমি !
জন্ম লয়ে তোমার কোলেতে ধন্য হলেম আমি।

কত জ্ঞানী গুণি শিল্পী ও কবি বিপ্লবী জননেতা
সাধু ঋষি মুণি জন্ম দিয়াছো আমার ভারতমাতা!

কত মহাপ্রাণ ছিল সন্তান,
 হয়ে আছে আজও ছবি-
স্মরি যবে মহা কীর্তি তাঁদের গর্ব যে অনুভবি!

মধ্যে শ্যামলা, নদী বিধৌত উর্বর সমভূমি -
ত্রিসীমে সাগর, শিয়রে পাহাড় আকাশেরে যায় চুমি!

গহন বনানী, উষর বালুকা রহে চারিধার ঘিরি
মেলে না কোথাও উপমা তোমার ,পৃথিবীর পানে ফিরি!

যুগে যুগে কত জনজাতি সবে দলে দলে হেথা আসি
রয়ে গেছে তারা তোমারই ভূমেতে,তোমারেই ভালোবাসি!

বিবিধের মাঝে মিলন ও ঐক্য শিখায়েছ সন্তানে-
তুমি যে মহান, মহতাদর্শী বিশ্বে সকলে জানে!
সেই আদর্শ তোমার গর্ব টুটিবে না কভু জানি
সন্তানে দাও তোমার আশীষ, ঘুঁচায়ে সকল গ্লানি!
যেন করি তব মুখ উজ্জ্বল, যতদিন থাকে প্রাণ এ-
সারাটি জীবন যেন ভরে মাতঃ তোমার এই জয়গানে!

২৯. ভূস্বর্গ- কাশ্মীর

পর্বতে ঘেরা, মাঝে সবুজের নীড়!
ভারতের ভূস্বর্গ, প্রিয় কাশ্মীর!
ঝাউবনে ঢেকে থাকা ডালহ্রদ নীরে-
শিকারাটি বেয়ে চলে, দাঁড় টেনে ধীরে!
ঝম ঝম বারি ঝরে, হঠাৎ হঠাৎ
থর থর কাঁপে দেহ, শীতে কুপোকাত !

এঁকে বেঁকে বয়ে চলে নদী তির তির-
ধেয়ে চলি বরাবর সিন্ধুর তীর!
পেহ্‌ল গাঁউ, গুলমার্গ, চন্দন বাড়ি -
সোনমার্গ হয়ে ছোটে চারচাকা গাড়ি!
একধারে খাড়া হয়ে সারিতে পাহাড়-
গায়ে তার রঙচঙে ফুলের বাহার!

আর ধারে ওঁত পেতে সুগভীর খাদ!
চাকা খানি পিছলালে সব বরবাদ!
মুঘল গার্ডেন বা পরী মহলেতে-
গোলাপ আর টিউলিপে মন ওঠে মেতে!
বরফেতে গড়াগড়ি জিরোপয়েন্টেতে
কীযে মজা যায় বোঝা সোনমার্গটিতে-

গণ্ডোলা কেব্‌ল কারে উঠি পর্বতে-
সারা দিন হৈ হৈ গুলমার্গেতে!
ভারি রোমহর্ষক বাইসরণ যেতে
ঘোড়া চড়ে জঙ্গলে পাহাড়ি সে পথে!
বেতাব ভ্যালির সেই মনোরম রেশ!
অপরূপ প্রাকৃতিক স-ব পরিবেশ!

বিমানেতে যেতে, পথে পাহাড়ের গায়-
বরফের সমারোহে কি বাহার হায়!
আজও বুঝি পিছু ডাকে সেই কাশ্মীর -
পটে আঁকা ছবি যেন মায়াবী নিবিড় !
সেই শোভা মনোলোভা আজও ভাসে চোখে-
বুঝেছি " ভূস্বর্গ " -- কেন বলে লোকে!

৩০.সূর্য ঠিকই উঠবে

সার বেঁধে ঐ আকাশ ঘিরে
পরিযায়ী যায় যে ফিরে
তাদের পানে চেয়ে থেকে
কাজ কি ব্যথা পুষে রেখে?
হাসি তোরও ফুটবে!
বিষাদ অতীত ঘুচে যেদিন
ইচ্ছা রথ এই ছুটবে!

সফলতা আসবে, যবে
পরীক্ষা তোর পূর্ণ হবে
বুকের 'পরে পাথর চেপে
ধৈর্য্য খানি রাখিস মেপে
প্রাপ্তি তবেই জুটবে!
মনের সকল গ্লানি তখন
ধুলার 'পরে লুটবে!

রাখা কি যায় বন্দী করে
নীল আকাশের বলাকারে?
আর না ফেলিস অশ্রুবারি!
শেষ হয়ে এই তুফান ভারি-
বাঁধন সবই টুটবে!
আঁধার ঘন নিশার শেষে
সূর্য ঠিকই উঠবে!

৩১.আজব রাজার গজব ব্যাপার

এক দেশেতে জন্মেছিলো আজব সে এক রাজা-
ভুগিয়ে যত দেশের প্রজায় পেতো সে বেশ মজা!
পাচ্ছে নাকি খেতে সবাই তার ছিলো না খোঁজ -
নিয়মে তার জনতা সব কাজ হারাতো রোজ!

দেশের যত জ্ঞানী রাজায় ধরতো তাদের ভুল!
বিচার পেতে মনের মত টানতো কাজীর চুল!
প্রশ্ন যদি করতো টা কেউ তেনার কোনো ভুলে
দেশান্তরিত করতো তাকে, নয় চড়াতো শুলে!

জুটতো নাকো বেতন লোকের, খাদ্যকণা পেটে-
মরতো তবু সারাটাদিন গাধার মতন খেটে!
ছিলো যত কুটুম রাজার আর পেটোয়া লোক-
কথায় কথায় ভড়কাতো লোক রাঙিয়ে তাদের চোখ!

হলো দেশে একবার এক ভীষণ মন্বন্তর
অর্ধেক তাই দেশবাসীকে করলো দ্বীপান্তর!
আসতো না ঘুম আমজনতার আশঙ্কাতে রাতে-
কিজানি কী হুকুমজারি করবে রাজা প্রাতে!

ঘুরতো রাজা দেশবিদেশে সোনার জাহাজ চেপে,
হুঙ্কারে তার যখন তখন উঠতো সবাই কেঁপে !
হলো রাজার জাহাজ ডুবি ভ্রমণে এককালে
বাঁচলো তখন হাঁপটি ছেড়ে দেশেবাসী সকলে !

৩২. দাদু নাতির কাণ্ড

সাধ করে খোকাবাবু সেজে বসে মাস্টার!
দরজাটা ব্ল্যাকবোর্ড, গামছাটা ডাস্টার।
আব্বার চশমাটা নাকে তার লাগিয়ে,
ঘর থেকে লোকজন সবে দেয় ভাগিয়ে!
দাদিমার কাছ থেকে ছড়ি খানা হাতিয়ে,
মাস্টার খোকাবাবু দিলো ক্লাস মাতিয়ে !
বুকসেল্ফ থেকে নিলো যত বই পত্তর!
ছাত্র যে দাদামণি, ভয়ে কাঁপে থথ্‌থর!

ক য়ে কাক, ট য়ে কি, বলো দেখি দাদাভাই ?
দাদু ভেবে অস্থির , ঠিক কী যে বলা যায়!
খোকা বলে ধুততারি, কেন ভাবো খামোকায়!
দেখছো না টাক জোড়া তোমার ঐ মাথাটায়?
ঘ য়ে যদি ঘাস হয়, বলো তবে ঠ য়ে কি?
দাদু বলে তাইতো হে , আমিও তা ভাবছি!
বলে খোকা তেড়েফুঁড়ে , ভাববার আছে কী?
ঠাস ঠাস গালে কাল, মা আমায় মারে নি?

ত য়ে তাল, গ য়ে কি, বলো দেখি এবারে?
ভাবে দাদু ,এই বারে লাঠি খানা না পড়ে!
উপরেতে তাকিয়ে দেখো কীযে হাঁ করে?
কাজে লেট হলে , গাল দাও নাকি চাকরে ?
চ য়ে চাকা , ট য়ে কি, বলে ফেলো চটপট,
প্রশ্নের তাড়নায় দাদু করে- ছটফট!
বড়বড় চোখ করে খোকা চেয়ে কটমট,
বলে খাবো - চকোলেট , ফেলো টাকা ঝটপট!

পড়া যদি না পারি, মা পেটায় দমাদম!
কিছুইতো পারলে না, তুমি দেখি আরো কম!
পিঠে যদি পড়ে লাঠি, তাই ঢাকো চাদরে?
দেবো না পানিসমেন্ট , ভরো যদি আদরে!
এই বলে খোকাবাবু খাট থেকে লাফিয়ে
দাদুর কোলেতে পড়ে ঝপ করে ঝাঁপিয়ে,
দাদু তাকে দিলো চুমু, ভরে দুই গণ্ডে !
সব্বাই হেসে খুন তাদের এই কাণ্ডে!

৩৩.জানা হলো না

যাতায়তের পথে মেয়েটি রোজ
চেয়ে চেয়ে দেখতো-

বাগানে ফুটে থাকা
সেই "রক্তগোলাপ"!
কখনো মন চাইনি তার
বোঁটা থেকে ছিঁড়তে তাকে-
শুধুই সে চেয়ে থাকতো তার পানে
মুগ্ধ দৃষ্টিতে!
আর মনে মনে বকতো--
কত না প্রলাপ!
দেখতে- দেখতে- দেখতে
তাকে-
কখনো কাঁদতো সে,কখনো হাসতো!
গোলাপটিকে যে সে-
বড্ড ভালোবাসতো!

শুধাতো কখনো সেই মেয়ে তাকে-
কেমন আছো গোলাপ?
গোলাপ কোন উত্তর দিতো না -
শুধুই দুলতো থেকে থেকে
তিরতির করে-
শিরশিরে দখিনা বাতাসে!
আর-
মেয়েটি শুধুই দেখতো -

মুগ্ধ দুচোখে!এইভাবে এক নীরব ভাষায়-
জমে উঠতো তাদের
নিবিড় আলাপ!
একদিন-
কে যেন পাঁচিল দিলো
সেই গোলাপ বাগানে!
এখন তাকে ঘেরা-
"দুর্ভেদ্য " কাঁটাতারের বেড়া!
আর তাতে নিরাশ হয়ে--
মেয়েটি পরদিন থেকে
আর এলো না!
গোলাপ কি থাকে-
আজও তারই প্রতীক্ষায়?
কি,জানি?
সেওতো আর মেয়েটির--
জানা হলো না!!!

৩৪.নাম তার রাজনীতি
(রম্য কবিতা)

নাম তার রাজনীতি বহুদূর জল,
নেতাগুলি ভেসে ভেসে করে কোলাহল !
ছলে বলে কৌশলে ভারি ক'রে দল
ফাঁক বুঝে মাছ ধরে ছেঁকে ঘোলাজল!

পাঁকে চেয়ে থাকে বক-ধার্মিক দলে
ঝোপ বুঝে কোপ মেরে ফেলে দেয় জলে!
হাবুডুবু আমজনসাধারণ বলে
ছেড়ে দে মা কেঁদে বাঁচি উঠি ডাঙাতলে!

হেথা হোথা ঘোরে খুনি মুখোশেতে ঢাকা ,
উন্নয়নের নামে লুটে নেয় টাকা!
যার ছিলো বাড়িঘর কালকে তে ফাঁকা
আজ তার বহুতল, বহু চারচাকা!

কোথাও বা ব্যবসায়ী ঋণে আধো ডোবা
পাড়ি দিয়ে বিদেশেতে করিতেছে শোভা!
নেতাদের আশিষেতে ভরে আছে যেবা
টিকিতে নাগাল তার পায় বলো কেবা!

চাকরি বা প্রমোশন তিনিই তো পান
নেতাদের যিনি ধরে গান গুণগান!
বখাটে বা লম্পট ছিলো যার মান
নেতাদের লেজ ধরে সেই যজমান!

ইউনিয়নের নেতা মন্ত্রীর ছেলে
রাহাজানি দায়ে যেবা কাল ছিল জেলে!
করা নেই পড়াশোনা, লেখাপড়া ফেলে
রাজনীতি ময়দানে ওড়ে ডানা মেলে!

তারা চলে ভেসে ভেসে আকাশের গায় ,
ভালো ছাত্রের দল জলে ভেসে যায়!
তাল বুঝে দলত্যাগে নীতি যার নাই

তারা নাকি গড়ে দেশ ,কিযে করি হায়!

৩৫.কি ভীষণ নিপীড়ন

সারাদিনে নেই ফোনে ইন্টারনেট -
হোয়াটসঅ্যাপ ইউটিউব নিউজ আপডেট-
এর চেয়ে ঢের ভালো থাকা ফাঁকা-পেট!
কি যে জ্বালা!বসে পোলা ক'রে মাথা হেঁট!

নেট ছাড়া দিশাহারা !আউট অব ডেট!
চারিধার যে আঁধার! মন্দ এ ফেট!
দুনিয়াটা খিল আঁটা ! লক যেন গেট!
লাইফ হেল!ইউজ লেস !উইদাউট নেট!

কি ভীষণ নিপীড়ন ! লাইফের থ্রেট!
বসে বসে বাড়ে কসে হার্টবিট রেট!
চাস যা-ই দেবো তাই ঘুষ মায় ভেট-
ধরি পায়, ফিরে আয়, ইন্টারনেট!

৩৬.পুজো পুজো গন্ধে

আকাশ বাতাস মাতোয়ারা পুজো পুজো গন্ধে,
শিশু, কিশোর নরনারী মেতে সে আনন্দে!
ঢক্কানিনাদ মন্ডপেতে বাজছে তালে ছন্দে,
মহোৎসবের মেজাজ ছড়ায় শহরগ্রামের রন্ধ্রে!

আলোকমালায় সুসজ্জিত রাস্তাঘাটের অন্ত্রি,
রকমারি বাজনা বাজায় বাদ্যে যত যন্ত্রী।
বিভেদ ভুলে আমজনতার হৃদয়বীণার তন্ত্রী
ঝঙ্কারে আজ ভাতৃভাবে ,সাম্যবোধে মন্ত্রী ।

সালঙ্কারা মাতৃমূর্তি প্রান্ত থেকে আদ্যে,
উলুধ্বনি শঙ্খ স্বরব রকমারি বাদ্যে।
মণ্ডামিঠাই ফলেমুলে নানান রকম খাদ্যে
চলছে মায়ের আরাধনা পুজোর প্রতিপাদ্যে।

রঙবেরঙের পোশাক আশাক পথচারীর অঙ্গে,
কিশোরীরা মেতেছে আজ তাইতো রসরঙ্গে।
পাড়ায় পাড়ায় ঘুরছে যুবা বন্ধুজনের সঙ্গে ,
সঙ্গে তারই খুশিরধারা বইছে সারা বঙ্গে!

৩৭.পরিত্রাতা যীশু (ঈশা আঃ)

নবজাতক যীশু ঘুমায় মরিয়মের কোলে
মাথার উপর দেখেন মাতা খেজুর কাঁদি ঝোলে।
নির্জনে সে একাকিনী ,ঝাঁকন দিলেন গাছে-
ঝরঝরিয়ে পড়লো খেজুর মরিয়মের কাছে।
জুড়ান পরান ক্ষুধার্ত মা খেজুর তুলে মুখে
ফুলেল হাসি হাসে শিশু শুয়ে মায়ের বুকে !
বিদূরিতে তমসা তাঁর জন্ম ধরাধামে,
কোরআনে যাঁর পরিচিতি নবী ঈসা নামে।

ফিরে এলেন শিশু কোলে গৃহকোণে মাতা
মেরী নামে যিনি এখন সবার পরিচিতা !
দেখতে এলো সবাই তখন সেই বিস্ময় শিশু
পিতৃ বিনা ভূমিষ্ঠ যে, পরিত্রাতা যীশু!
সবাই যখন প্রশ্ন করে কুমারী তাঁর মাকে
নবজাতক কোলে শুয়েই দেয় উত্তর তাকে,
আমি হলাম দৃষ্টান্ত সর্বশক্তিমানের -
স্রষ্টা যিনি সব সৃষ্টির জমিন ও আসমানের!

পাঠান তাকে খোদা যে ত্রাণ করতে সকল জীবের
করতে প্রচার মাহাত্ম্য সেই শ্রেষ্ঠ চিরঞ্জীবের!
মৃত মানুষ জীবিত হয় যীশু ছুঁয়ে দিলে,
ফুঁকে দিলে মাটির পাখি উড়ে বেড়ায় নীলে।
স্পর্শে যে তাঁর দৃষ্টি ফেরে জন্মান্ধ লোকের
কুষ্ঠ সারে রোগীর, করেন বিনষ্ট সব শোকের!
দিকেদিকে হলো প্রচার যীশুর কেরামতি,
সকল শুনে দেশের রাজা রুষ্ট হলো অতি।

তাকে ভুলে সবাই এখন যীশুর অনুগত
দুশ্চিন্তায় রাজা হলো চক্রান্তে রত!
অবশেষে বন্দী হলেন যীশু রাজার হাতে,
নিজেরই এক- অনুচরের মিথ্যা ছলনাতে।
যীশু হলেন বিদ্ধ ক্রুশে ,
ভরলো ভুবন শোকে
কৌশলেতে আল্লাহ্‌ তাঁকে তোলেন নভঃলোকে।
আজও তিনি জীবিত তাই, আছেন যে আসমানে
লিখিত তা আলকোরানে , জানে মুসলমানে।

আল্লাহ্‌ মহান যীশুকে দেন ইঞ্জিলের ঐ বাণী
বাইবেল তার অধুনা রূপ, আমরা যাকে জানি।
ধ্বংস হবার সময় হলে সৃষ্ট ধরণীর এ,
মুক্তি দিতে ক্লিষ্ট মানুষ আসবে যীশু ফিরে।
পাপাচারে ভরলে ধরা ,আল্লাহ দয়াবান
করবে তাঁকে প্রেরণ আবার, দিতে পরিত্রাণ।
কোরানেতে উল্লিখিত আরো যে সব নবী
অন্যতম ছিলেন ঈশা, এমত অনুভবি।

৩৮.মায়া ঘেরা বনবীথি

বসে আছি রোদ্দুরে বাতায়ন খুলে-
বাতাসেতে গাছগুলি ওঠে দুলে দুলে,
পাতাভরা ডালগুলি নেড়ে তার মাথা-
চায় যেন বলে যেতে কত কিযে কথা!
চেয়ে চেয়ে তার পানে মন দিয়ে তাই
কথাগুলি আমি সেই বুঝতে যে চাই,
বলে বুঝি, ভালো আছো? করছো কি শুনি?
কখনো বা গান গেয়ে ওঠে গুনগুনি।
কি জানি কি নাম তার চিনি না সে তরু
পাশে গাছ খেজুরের পাতাগুলি সরু,
আরো আছে কত গাছ পুকুরের ধারে-
শিরিষ সেগুন তাল নারিকেল সারে।
কলাগাছ, ওলগাছ আরো কি যে কত
কেউ ক'রে মাথা উঁচু, কেউ ক'রে নত।
মাঝে দীঘি ভরাজল করে ছলছল,
কোনো গাছ ঝুঁকে বলে ছুঁয়ে দেখি চল!
আধো আলো আধো ছায়া গাছেদের ভিড়ে-
রহস্য কত যেন বনখানি ঘিরে!
শ্যামল সবুজ পাতা হাল্কা ও গাঢ় -
স্নেহমায়া প্রেমপ্রীতি আছে যেন তারও!
আনমনে চেয়ে চেয়ে আমি বুঝি মনে-
হারাই মায়ায় ঘেরা সেই বীথিবনে!

৩৯.চিরবিস্ময় তাজমহল

যমুনার তীরে ফোটা শ্বেত শতদল-
সে যে চিরবিস্ময় তাজমহল!

কত জনই ভালোবাসে পৃথিবীর বুকে!
কটি প্রেম বেঁচে রয় আজীবন সুখে?

হয়নিকো দেখা কভু কোনদিও আগে-
সমাধিও পরিণত হয় ফুলবাগে!

মনে যেন বিস্ময় ক্ষণে ক্ষণে বাজে-
কিভাবে যে ফোটে ফুল পাথরের মাঝে!

সূক্ষ্মাতি সূক্ষ্ম সে ফুল লতা পাতা-
নেই অসামঞ্জস্য এতটুকু কোথা!

এত রূপ অপরূপ সব কারুকাজে-
ভাবি এতো দক্ষতা মানুষেতে রাজে?

যত দেখি ভরে আঁখি ,অভিভূত মন-
সাধ হয় পড়ে রই সেথা সারাক্ষণ !
বারে বারে মনে হয় দেখে সেই সাজ-
আজও যেন জেগে শাজাহান, মমতাজ

৪০.ঘোড়ার ডিম
(রম্য কবিতা)

খুকু পড়ে দুলে দুলে
হাট্টিমা টিম টিম!
সাহিত্যের প্রতিযোগিতায়
বাহ্ কি মজার থিম!
পদ্যলেখায়-এবার বিষয়
স্রেফ-- ঘোড়ার ডিম!
জমবে বড়োই শীতের দিনে
বেগুন পোড়া, সিম!
মা জননী গাওয়া ঘিয়ে
ভাজছে পাতা নিম !
জমতো ভালোই গরম ভাতে
থাকলে সাথে ডিম!

খাতা কলম বাগিয়ে নিয়ে
বসলো কবির টিম-
লিখতে হবে পদ্য ছড়া,
তাইতো! অতঃকিম!
লিখবে কি ছাই ভাবতে গিয়ে
মাথা যে ঝিমঝিম !
চিন্তা ভীষণ সবার মনে
পাড়তে হলে ডিম-
উড়তে হবে ঘোড়ায় তবে ,
করতে হবে জিম!
তবেই কিনা বডি হবে
পাখির মত স্লিম!

ভেবে ভেবে ভিজলো ঘামে

পান্ডুলিপির রিম!
শুকিয়ে গেলো কালির দোয়াত,
সবাই যে হিমশিম!
এমন সময় বলেন দিদা
লাগিয়ে মুখে ক্রিম!
বাপরে কিযে শীতের দাপট
পড়ছে বুঝি হিম!
লেপের তলায় না সেঁধিয়ে
পাগল কবির টিম-
লিখছে কিযে ছাতার মাথা
কাব্য-- ঘোড়ার ডিম!

৪১.দেশবাসীর লজ্জা

মানুষবেশী জন্তু তুমি বেড়াও মুখোশ প'রে,
পিটিয়ে যত করছো সাবাড় নিরীহ লোক ধ'রে!
ভাবছো বুঝি পাবে যে ছাড় স্রষ্টার হাত থেকে!
নরকেতে পুড়তে হবে ,দিও মনে রেখে!

নিজেই ভাবো ক্ষমতাধর, পেয়ে যাবে পার!
দেখছে প্রভু উর্দ্ধ থেকে ,বাড়ছো কত বাড়!
অসীম তাঁহার ধৈর্য্য জেনো, পড়বে যখন টুটে!
পড়বে ভেঙ্গে আকাশ মাথায়,উঠবে লাভা ফুটে!

বুকের ভিতর ছোট্ট হৃদয়, থামবে যেদিন সেটা!
ধড়ফরিয়ে মরবে তুমি, বাঁচাবে হে কেটা?
আজকে যারা সঙ্গী তোমার কুকর্মেতে এই!
পুড়বে তখন জাহান্নামে, একসঙ্গেতেই!

উৎপীড়িত হাসবে তখন স্বর্গ পারে বসে!
পাবে না মাফ, হুমড়ি খেয়ে পড়লেও পায় এসে!
মনে রেখো ঠাণ্ডা মাথায় করলে এমন পাপ,
সারা বিশ্বজাহান দেবে তোমায় অভিশাপ!
কলঙ্ক এই মানুষ নামের, শ্রেষ্ঠ যে জীব ভবে,
হিংস্র যদি পশুর মত ,জঙ্গলে যাও তবে! লজ্জা তুমি দেশবাসীর,
লজ্জা পৃথিবীতে!
ভাবছি কেন হচ্ছে না ফাঁক মাটি, তোমায় নিতে!

৪২.এসো ভবে জীবনদায়ী বৃষ্টি

কালো মেঘে আকাশ ঢেকে
উঠান জুড়ে এলো ঝেঁকে
অঝোর ধারায় বৃষ্টি!
বুঝিনিতো আগে কখন
ডাকলে অনেক এলে তখন
লাগে এতই মিষ্টি!

শুষ্ক লতা,ক্লিষ্ট তরু
মৃত পুকুর, ক্ষেত্র মরু
তৃষিত সব সৃষ্টি!
আষাঢ় শ্রাবণ গেলো ফাঁকা
শ্রাবণ শেষে দিলো দেখা
খোঁজে যার এ দৃষ্টি!

মেঘ গুলি সব ভাসা ভাসা
অপেক্ষাতে বৃথাই চাষা
বন্ধ কৃষি কৃষ্টি!
বর্ষাকালে রৌদ্রদহন
তাপের দাপট না যায় সহন
একি অনাসৃষ্টি!
কৃষিজীবীর দশা করুণ
রক্ষা কর ইন্দ্র-বরুণ
জীবকুলে দাও তিষ্টি!
জলাভাবে মরছে সবে
ফুটিয়ে হাসি এসো ভবে
জীবনদায়ী বৃষ্টি!

৪৩.পিঁয়াজ বিনা আঁধার কিচেন

মাংস কষায় পিঁয়াজ বাঁটা
পিঁয়াজ লাগে মাছে
তরকারির এই সুস্বাদুতায়
তার কি জুড়ি আছে?

পিঁয়াজ কুচি ঘুগনিতে দাও
স্যালাডে আর পাতে,
লঙ্কাকাঁচা পিঁয়াজ ছাড়া
স্বাদ কী পান্তাভাতে?

চাউমিন বা মশলামুড়ি
পিঁয়াজি কি দমে,
আলুভাতে বেগুনপোড়া
পিঁয়াজ ছাড়া জমে?

যতই ভাবো বিকল্প তার
পিঁয়াজ হলে মাস্তা-
পিঁয়াজ বিনা আঁধার কিচেন
পিঁয়াজেতেই চাঙ্গা!

না জানি ভাই কোনদেশী সে
কার এই আবিষ্কার ?
খাদ্যরসিক পূজনীয়
করি হে নমস্কার!

৪৪.নিত্য রবে যা

কে যে আপন কেবা যে পর
হিসাব মিলাস বসে?
বিপদ এলে অনেক আপন
পড়বে দেখিস খসে!
সেদিন যাকে পর ভেবে তুই
সরিয়েছিলি দূরে-
হয়তো সে ই পথ দেখাতে
আসবে কাছে ঘুরে!
বড্ড জটিল জীবন নামে
হিসেব এর এই খাতা!
যোগবিয়োগের ভুলে ভরা
প্রতিটা তার পাতা!
পরম প্রিয় ভেবে যাদের
ধরতে যাবি হাত-
ছিনিয়ে নিলে সে হাত খানি
হোসনে কুপোকাত!
থাকতে সময় নে হাত বেছে
নিত্য রবে যা-
শক্ত সে হাত ধরলে পরে
ফসকাবে না পা।

৪৫.রইতে চায় না ঘরে

কোন দেশী বাউল তুমি গান গেয়ে যাও রাঙামাটির পথটি ধরে-
উদাসী মন যে আমার সে গান শুনে ছুটে এসে
দাঁড়ায় দোরে!
দিবা-নিশি বাজাও বাঁশি কোন বিদেশী বিজনবেলায় নদীর
কূলে-
সে বিষের- নেশায় যে হায় দুনিয়াদারি অবহেলায় রইনু ভুলে !
না জানি কোন সে মাঝি অচিন গাঙে খেয়ালে তার ভাসালে
নাও-
মন আমার দিলো পাড়ি সে নাও ভরি সুদূরে কোন
অজানা গাঁও!
কি জানি কেমন ধারা ছন্নছাড়া এ মন আমার
কেবল ই ধায়-
নীল গগনে উড়ে যাওয়া সারি সারি পরিযায়ী
পাখির পাখায়!
নদীবুকে জলের তোড়ে ভেসে চলে দলবেঁধে ঐ
কচুরিপানা -
দলছুট মন যে আমার পাগলপারা তাদের পিছু
দিচ্ছে হানা!
ফাগুনের মাতাল হাওয়া, ঘনঘটা শ্রাবণ মেঘের
যায় যে সেধে-
রইতে চায় না ঘরে, যে মন তারে কেমন করে
রাখি বেঁধে!

৪৬.প্রত্যয়

চলেছিনু একা কুহেলিকা ঢাকা,
          জীবনের বীথিকায়,
কে জানে কেমনে লিখিনু সে নাম
          হৃদয়ের গীতিকায়!

হারালেম দিশা ঘোর অমানিশা,
          ভুলিলেম বুঝি পথ,
তবু হলো পাওয়া স্বপনে যা চাওয়া,
          পুরিলো সে মনোরথ!

আছে তো সঙ্গী নন্দী-ভৃঙ্গি,
          শোক, তাপ চিরসাথী,
তাই বলে প্রাণ দিয়া বলিদান,
          বনিবো আত্মঘাতী ?

ঝটিকা ও ঝড়ে নাও খানি নড়ে,
          ছিঁড়ে যায় যদি পাল,
কাটিবো সাঁতার অকুল পাথার,
          ছাড়িবো না তবু হাল!

পথে কাঁটা যত আছে ছিলো তত
          যুগে যুগে চিরকাল ,
হোক হৃদি শত ক্ষতবিক্ষত ,
          হবো না কো বেসামাল!

মুছি আঁখি নীর, তবু রব ধীর,
	যতই আঘাত পাই,
স্মরি সেই নাম, খুঁজি নিবো ধাম,
	মানসের অমরায়।

পাইয়াছি ভাষা জাগিয়াছে আশা,
	প্রত্যয় অনিবার ,
হোক না আঁধার জীবন বাধার ,
	হাসিয়া করিবো পার ।

৪৭.হৈমন্তী রাত

পুকুর পাড়ে ধানের ক্ষেতে
শেয়াল ডাকে রাতবিরেতে
হুক্কাহুয়া শোরে ,
শিরীষ সেগুন গাছের ডালে
পাতার দোলায় হাওয়ার তালে
শিশির পড়ে ঝ'রে!

সরিয়ে মেঘের ওড়না বুঝি
চাঁদ নিজেরে বেড়ায় খুঁজি
আরশি-জলের মেলে !
চরের বুকে কাশের ঝাড়ে
জোনাকিরা লুকায় আড়ে
চকমকি তার জ্বেলে!

নিঝুম বিজন বনের কোলে
জ্যোৎস্না আলোক পড়ে গলে
ঝর্ণাধারা হয়ে,
বাঁশের শাখে পাতার ফাঁকে
পিউপাপিয়ার করুণ ডাকে
বিষাদ আনে বয়ে !

মিষ্টি মধুর হিমেল হাওয়া
করছে শুধুই আসা যাওয়া
উলুখড়ের বনে,
হৈমন্তী নিশুতরাতে
হারায় অলীক কল্পনাতে
ভাববিলাসী মন এ!

৪৮.ভ্যাকেসনে আরশোলা
(শিশুতোষ ছড়া)

আরশোলা সাতভাই চড়ে সুমো গাড়িতে
সামারের ভ্যাকেসনে , চলে - মামাবাড়িতে!
কলপ লাগিয়ে তাই শুঁড়ে আর দাড়িতে,
সেজে গুজে চলে মাথা নাড়িতে নাড়িতে!

রেঁধে ক্ষীর বড়মামী ননস্টিক হাঁড়িতে,
বসে ব্যালকনিতে ভিজেচুল ঝাড়িতে!
মেজোমামী সাজে নয়া জামদানী শাড়িতে,
মেজোমামা লগা নিয়ে গেলো আম পাড়িতে!

রান্নায় জম্পেশ রঙখানি ছাড়িতে,
ছোটমামী ঢালে সস্ চিকেনের কারিতে!
কাশ্মীরী কার্পেট ছিলো আলমারীতে,
পাতা হলো মোজাইক-ফ্লোরে, আড়াআড়িতে।

পথচেয়ে রত মামা রকে পাঁয়চারীতে,
শেষে এলো তারা , হর্ণ মারিতে মারিতে!
বড়মামা এলো স্বরা উড়িতে উড়িতে,
সাদরে ভাগিনাদের ওয়েলকাম করিতে!

মহাভোজে ভাগিনেরা খুশি গড়াগড়িতে!
কেটে গেলো সুখে দিন অতি তড়িঘড়িতে !
তারপর সাতভাই ফিরে যেতে বাড়িতে,
চোখে নাকে এলো জল মামাদের ছাড়িতে!

কানে দিয়ে হেড ফোন,মিউজিক গাড়িতে,
চলে তারা ব্রেকড্যান্স মারিতে মারিতে!

মাঝপথে উল্টিয়ে পাহাড়ের খাঁড়িতে,
বেঘোরে গেলো যে প্রাণ - অতি বাড়াবাড়িতে !

রৌদ্রমেঘের লুকোচুরি

মাঝপথে উল্টিয়ে পাহাড়ের খাঁড়িতে,
বেঘোরে গেলো যে প্রাণ - অতি বাড়াবাড়িতে !

৪৯.প্রেমের আধার

কি মায়া দিয়া যে রচিলে স্রষ্টা
এ জগতে ভালোবাসা!
কি মোহ মিশালে, কি মধু ঠাসিলে,
ভরালে দিয়া কি নেশা!

মজায়ে সে মোহে ধনীরে ফকির
ফকিরে করিলে ধনী!
মাতাল হয়ে যে সারাটি ভুবন
খুঁজে ফেরে সেই মণি!

পেয়েও সে ধন ভরে নাকো মন
বুকে জেগে রয় ব্যথা,
হারানোর ভয় পিছে পড়ে রয়
গ্রাসে প্রাণ ব্যাকুলতা!

কেমনে সৃজিলে এত ভালোবাসা
কোন যাদু-কৌশলে !
মাপিয়া মাপিয়া না পায় যে তল
গহন হৃদয়-তলে!

কেন উৎসারে এত আঁখিজল
বিরহী হিয়ার মাঝে?
মিছে আশা যত অন্তরে যেন
নিয়ত ব্যথায় বাজে!

বুঁদ হয়ে প্রেমে কতজনে হলো
শিল্পী ও মহাকবি!
লেখা হলো কত গীতি ও কবিতা
আঁকা হলো কত ছবি!

যদি নাই রবে প্রেম এ ধরাতে
সৃষ্টি যে যাবে থেমে,
চন্দ্র সূর্য রহিবে ,তথাপি
আঁধার আসিবে নেমে!

তুমি নিজে প্রভু প্রেমের আধার
তাইতো এ ধরাধামে-
বিতরিলে প্রেম সৃষ্টি-মাঝারে
স্নেহ-মায়া পরিণামে!

৫০.আযানের আহ্বান

ব্রহ্মাণ্ডের স্রষ্টা তিনি, সর্বশক্তিমান!
সাক্ষ্য যে দিই সর্বত্র তাঁহার অধিষ্ঠান।

মহম্মদ দূত যে তাঁহার সাক্ষ্য করি দান-
সুদক্ষ যাঁর পরিচালনায় বিশ্ব দো-জাহান।

প্রার্থনাতে জানাই এসো ধর্ম মহাপ্রাণ -
মঙ্গলার্থে চরাচরের সার্বিক কল্যাণ।

নিদ্রা থেকে জাগ্রত হও নিস্পৃহ, নিষ্প্রাণ!
সুপ্তি থেকে শ্রেয় জেনো চেতনায় উত্থান।

আরাধ্য সে সত্তা যিনি মহিম ও মহান,
নেইকো প্রভু আল্লাহ বিনা, হউক প্রণিধান।

৫১.হারায় কবি

ভোর না হতেই গাছে গাছে কতই পাখি ডাকে!
মাছরাঙ্গা গায়, ডাহুক শোনায় পাল্লা দিয়ে তাকে!

কোকিল কাঁদে কুহু কুহু পাতার ফাঁকে ফাঁকে,
কাঁপিয়ে আকাশ পাপিয়া খোঁজে " পিউ কাঁহা"তে কাকে!

শালিক সাজে কানের দুলে, নোলক টেনে নাকে!
টুনটুনি আর দোয়েল, শ্যামা লুকায় খেজুর ঝাঁকে!

সোহাগ ভ'রে বৌ-কথা-কও সাধছে সাথীটাকে!
" খোকা হোক!" হলদে-গুড়ি আশীষ জানায়,মাকে!

শোনায় বেহাগ আরো কত, লুকিয়ে যারা থাকে-
নাম না জানা কতই পাখি তরুর শাখে শাখে!

মৌমাছিরা ফুলের মধু জমায় নিজ চাকে!
নবীন ফাগুন দিচ্ছে উঁকি আম্রমুকুল কাঁখে।

কুয়াশার ঐ ওড়না মাঝে রক্তরবি ঢাকে!
শীতল বায়ের মধুর আবেশ হৃদয় ভ'রে রাখে!

কৃষ্ণচূড়া শিমুল পলাশ আগুন গায়ে মাখে!
হারায় কবি রাঙামাটির মেঠো পথের বাঁকে !

৫২.বিনা মুসলমান

মুসলমান নামটা শুনে পিত্ত জ্বলে যার-
এই কথাটা নিত্য যেন স্মরণ থাকে তার,
রাজমিস্ত্রী, ব্যবসায়ী, কৃষক, মজুর লোক,
আছে যত খেটে খাওয়া,যেদিকে চায় চোখ-
বেশির ভাগই তাদের জেনো ভরা মুসলমানে,
চলছে দেশের রথখানি এই , তাদের রশির টানে !

মুঘল, পাঠান নামে কেন আসছে গায়ে জ্বর!
নেইকো কিছু কম অবদান তাদের এ ভূম পর,
মধ্যযুগে দেশের যত শিল্প-সংস্কৃতি,
হয়নি কি ভাই, তাদের হাতেই গড়া সকল ভিত-ই?
মহান ভারতবর্ষে যদি চারটে খুঁটি হয়,
একটা যে তার মুসলমানই , জেনো তা নিশ্চয়।

চারটে খুঁটির মধ্যে যদি একটি বিলোপ হয়,
খুঁটিবিনা সেই ইমারত অশক্ত কি নয় ?
তাইতো তাদের বিতারণে ইচ্ছা মনে যার,
খুঁটি হবে আলগা, যেন স্মরণ থাকে তার !
থাকতে সময় বিভেদনীতির করো অবসান, অস্থিতিশীল
ভারতবর্ষ, বিনা মুসলমান!

৫৩.সুজনসখী

গ্রামের শেষে পথটি ঘেঁষে
পদ্মদীঘির পাড়ে-
দুই সখীতে গল্প করে
বিজন বনের আড়ে।
এলো কেশের ছড়িয়ে শাখা
বাঁকিয়ে কোমর সরু-
তন্বী দুটি কন্যা যেন
দুই নারিকেল তরু!
এলো মেলো উড়ছে তাদের
হাওয়ায় পাতার চুল,
ডাবের কাঁদি ঝুলছে যেন
ঝুমকো কানের দুল!
শিকড় গুলি ছড়িয়ে আছে
হচ্ছে মনে তায়-
চম্পাকলি আঙুল গুলি
ছড়িয়ে আছে পায়।
শনশনিয়ে বইছে বাতাস
শাখার ফাঁকে ফাঁকে!
গুনগুনিয়ে দুজন যেন
গল্পে মেতে থাকে ।
সন্ধ্যা নামে আঁধার ঘনায়
ঘুমায় দুজন ঝুঁকে,
নিরুদ্বেগে সুজনসখী
কাটায় প্রহর সুখে !

৫৪.পবিত্র রমজানের গুরুত্ব

বছর ঘুরে এলো আবার পবিত্র রমজান,
সুস্বাগতম জানাই, যত মোমিন মুসলমান।
আনলো খবর সম্মানিত এই সে মেহেমান -
মঙ্গল আর কল্যাণ যে করবে সে প্রদান।

সারামাস এই ত্যাজি মোহ লোভ লালসার টান-
দীন-দরিদ্রে করি এসো খাদ্য কড়ি দান,
দূর হবে সব পাপ যখনই করবো খুলে প্রাণ-
পবিত্র আর পরম দয়াল প্রভুর গুণগান।
ফুটবে যখন দিনের আলো করবো না আর পান,
কোনরকম খাদ্যগ্রহণ, যতই চায় এ জান!
সূর্যাস্তের সময় তখন আলোক হবে ম্লান-
অন্নজলে ভাঙবো উপোস আমরা ধর্মপ্রাণ ।

আল্লাহ্পাকের নামবে আশীষ রহমতেরই বান
ঝরবে দয়া করবে ক্ষমা রহিম রহমান!
করবো নাকো অবহেলা, রোজার অসম্মান-
ফিরবে না আর সুযোগভরা এমন দিনমান!
চাইলে মোরা পাবো যে আজ সেথায় নিজের স্থান-
নিবেদনি আত্মারে আজ, খোদার যেথায় শান্!
তাই এসো উৎসর্গ করি নিজেরে আপ্রাণ,
ডাকলে ঠিকই দেবেন সাড়া সর্বশক্তিমান!

৫৫.বাংলার জয়ধ্বজা

সবুজের বুকে রক্তিম শোভা
বাংলাদেশের কেতন,
যেন জীবনের সমারোহ মাঝে,
নবারুণ রাঙা চেতন।

পতপত করে আকাশেতে ওড়ে
বাংলার জয়ধ্বজা,
আকাশেতে ওড়ে, নব প্রেরণায়
বাংলার যত প্রজা।

অত্যাচারী শাসকের হাতে
হয়েছিলো প্রাণ ক্ষয়,
রক্তে রাঙানো বাংলা তবুও
মানেনি কো পরাজয়।

অসম সাহসী বঙ্গ কেশরী
দিয়েছিলো বরাভয়,
দিয়ে বলিদান শত যুবাপ্রাণ
বাংলার হলো জয়।

সবুজের বুকে রক্ত তিলক
আজো রয়ে অক্ষয়,
অমর শহীদ বঙ্গ রতনে
যেন বুকে তার বয়।

স্বাধীন বঙ্গে জাগরিত হওনি
বেদিত যত প্রাণ,
নবীন আশায় বুক বেঁধে গাও
বাংলার জয়গান।

স্বাধীন বঙ্গে জাগরিত হওনি
বেদিত যত প্রাণ,
নবীন আশায় বুক বেঁধে গাও
বাংলার জয়গান।

৫৬.বন্ধু

বন্ধু বিনা ছন্দহীনা জীবনে দুর্দশা,
রুক্ষ কঠিন পথ মসৃণ বন্ধু পেলে খাসা।

বন্ধু বিনে অন্ধ প্রাণে ঘনায় অমানিশা,
বন্ধুহারা ছন্নছাড়া , পথে হারাই দিশা!

বন্ধুরে যায় বিনা দ্বিধায় - বলা মনের ভাষা,
বন্ধু খাঁটি জিয়নকাঠি, মৃতমনের আশা,

সকল গ্লানি সরায় টানি, দূর হয় দুর্দশা !
অশ্রু মুছায়, দুঃখ ঘুঁচায় - বন্ধুর ভরসা।

আত্মায় যোগ বন্ধু বিহগ , গহন মনে বাসা,
দুঃখ সুখে বন্ধু বুকে, সঙ্গে কাঁদা হাসা!

হয় না বাধা ধর্ম সাধা,বয়স কিংবা ভাষা
মনের মিলন হয় যে কারণ বন্ধুত্বের খাসা।

প্রেমীর চেয়েও দামী সে যে বন্ধু ভালোবাসা ,
দূরত্বে বা কালের স্রোতে বদলে না তার দশা!

দুঃখে বিলীন জীবন যেদিন, চরমে হতাশা
বন্ধু জনের সঙ্গ দানেই ফেরে মনের আশা।

৫৭.ভালোবাসা এক প্রমাদ

সে ছিলো--
বদ্ধঘরের জানালার এক কাঁচ !
দমবন্ধ অন্ধকারে --
কেমন যেন
উঠছিলো সে হাঁপিয়ে !
তাই তার কাঁচের চোখ দিয়ে
থাকতো রোজ---
বাইরের খোলা মাঠে নির্নিমেষে তাকিয়ে ।
যেখানে আনমনে খেলতো --
যত পাড়ার বালক,
যেন একরাশ প্রাণবন্ত প্রফুল্লতা!
উড়ন্ত বলাকার ---
শ্বেত-শুভ্র পালক!
সঙ্গে তাদের আরেক কিশোর,
চেয়ে চেয়ে দেখতো সে কাঁচ --
তার ঐ কসরৎ!
যেন সে ছিলো
কত চেনা ---
কবেকার--
প্রাণের দোসর!
বড়ো ভালো লাগতো তার !
আনমনে হতো পার
কত শত বেলা!
কাটতো অবসর, যত ক্লান্তি, অবসাদ-
দেখতে দেখতে তাদের সেই-
ছোটাছুটি খেলা।

দুরন্ত সেই কিশোরটি
হঠাৎ একদিন টিপ করে ---
বল ছুঁড়লো জোরে,
যেন ঠিক সেই ---
জানালার --- কাঁচ লক্ষ্য করে!
কি জানি সে কোন খেয়ালে!
হয়তো সহচর কারোর উপর
ভীষণ রাগ করে-
চেয়েছিলো মারতে সে
ইঁটের দেয়ালে !
সহসা ঝনঝন শব্দে
ভেঙে পড়লো চুরমার হয়ে
জানালার সেই কাঁচ,
নিমেষে ভূতলে !
বাতাসে ছড়িয়ে পড়লো যেন
তার------করুণ আর্তনাদ!
----------" কেন করলে এমন ? "
" কী ছিলো আমার - অপরাধ?"
হেসে বিদ্রূপের অট্টহাসি
বললো ঘরের অন্ধকার--
"বড়োই বেসেছিলে ভালো !"
-----------"সেটাই প্রমাদ!!!"

৫৮.বোঝাপড়া

জীবনটা যেন এক সমঝোতা-
জন্ম থেকে মৃত্যু -
আগাগোড়া !
নিজের সঙ্গে,দশের সঙ্গে,
প্রিয়জনের সঙ্গে-
চলছে যেন হরদম
পদেপদে বোঝাপড়া !

মান-অভিমান মন-কষাকষি
সে তো ডেকে আনে নিঃসঙ্গতা
নেটফল শূন্য ,
শুধু বাড়ায় দুঃখ,
তাই করে নাও কমপ্রোমাইস ,
পাবে শান্তি -
হিসাব অতি সূক্ষ্ম !

শৈশবে ছিলো কত সুখ,
কৈশোরে কত স্বপ্ন কত আশা!
যৌবনে -
কল্পনা-জল্পনা পরিকল্পনা -
প্রেম-প্রীতি ভালোবাসা !

ক্রমে গড়ায় সময়-
আসে বাধা ব্যর্থতা হাহাকার,
তবু জীবন নদী বয়ে চলে -
হয় স্বপ্নভঙ্গ, ফল ধৈর্য্যচ্যুতি-
ভাঙে কূল ভাঙে পাড়!

দুঃখের জোয়ার উৎসাহের ভাটা,
বুকের মধ্যে রক্ত ক্ষরণ,
ক্রমাগত ঠোক্করে - বাড়ে ঘা টা !
তবু--- থমকে গেলেই মরণ!

আশা-আকাভঙ্ক্ষা গুলো তাই
করে নাও মডিফায়েড,
কিছু পেলাম না---একথা বোলো না!
যেটুকু পেয়েছো, ভেবো-
সেটুকুই প্রাপ্য ছিলো ,
বাকিটা -তোমার ছিলো না!

চাইলেই কি আর সব পাওয়া যায়?
ব্যাপার নয় এতো সোজা!
যা না পাওয়ার, তা কেন চাই -
যা পাই - তা কেন চাই না,
সেটাওতো এক রহস্য,
সহজে বোঝা যায় না ।

বাস্তব অতি কঠোর, বড়ো নির্মম!
ভাগ্যলিপি, হস্তরেখা-
যেন নিয়তির দেয়া
কঠিন এক হাতকড়া,
তাই অল্পেই থাকো সন্তুষ্ট,
আপাততঃ এজীবনে।
পুণ্যি করলে পেতেও পারো সব-
পরকালে-পরজন্মে,
এই ভাবনাটাই নিজের সঙ্গে-
আসল বোঝাপড়া!

৫৯.ইচ্ছেকমল

বলতে চেয়ে ব্যাকুল পরান -
বলতে নারে কথা!
পাথর হয়ে বুকের মাঝে
কাঁদায় নীরবতা।

মুক্তাকাশে বনের পাখি
পাখনা মেলে ওড়ে-
মনের পাখি বদ্ধঘরে
রুদ্ধশ্বাসে মরে!

ঝরণাধারা বাঁধনহারা
সমুখ পানে ছোটে--
হৃদয়মাঝে ফল্গুধারা
উথলে যেন ওঠে!

ইন্দ্রধনু রাঙায় আকাশ
বাদলবারি শেষে-
মানসপটে অশ্রুআবির
রক্তিমাভায় মেশে!

দখিন হাওয়ায় তরুর শাখে
শুকনো পাতা ঝরে -
স্মরণিকার সাগরতটে
স্মৃতির বালু ভরে!

পুবগগনে ভোরে যেমন
নবীন কিরণ ওঠে-
ইচ্ছে গুলি কল্পনীরে
কমল হয়ে ফোটে!

পুবগগনে ভোরে যেমন
নবীন কিরণ ওঠে-
ইচ্ছে গুলি কল্পনীরে
কমল হয়ে ফোটে!

৬০.জাগরে তরুণ, জাগ বাঙালি

মরবি কেন বন্দীশালায়
অত্যাচারে ধুঁকে?
অত্যাচারীর কালাকানুন
সবলে দে রুখে!
জাগরে তরুণ ডাকছে করুণ
আর্তস্বরে জাতি-
অনিশ্চিত ঐ ভবিষ্যতের
নামলো যে কালরাতি!
নামরে তোরা পথে পথে
ঐক্য কেতন হাতে-
উচ্চস্বরে কর প্রতিবাদ
কর প্রতিরোধ সাথে!
আন্দোলনের মশাল নিয়ে
সম্মুখে যা ধেয়ে!
বন্দীশালায় মরার চেয়ে
মরবি গুলি খেয়ে!
জাগরে তরুণ, জাগ বাঙালি
থাকিস নে আর ঘোরে-
ষড়যন্ত্র ভেদাভেদের
পণ্ড দে সব ক'রে !

৬১. ব্যাঙেদের সাতকান্ড
(শিশুতোষ ছড়া)

এক যে ছিলো মোটকা কোলাব্যাঙ,
ছিলো যে তার ল্যাংড়া দুটো ঠ্যাঙ!
নাম ছিলো তার সেন্নালুড়ু স্যাঙ ।
নাচিয়ে যে তার লম্বা দুটো ঠ্যাঙ-
গাল ফুলিয়ে, ডোবার পাড়ে -
সারা দুপুর ঘাপটি মেরে -
ডাকতো ঘ্যাঙর ঘ্যাঙ!
ল্যাংড়া পায়ে মারতো যখন ল্যাঙ -
সব কুপোকাত--যত পুঁটি, চ্যাঙ!

ছিলো তার গিন্নী -- সোনাব্যাঙ!
পোকামাকড় ধরতো না সে,
রান্নাবাড়া করতো না সে ,
রূপ দেখিয়ে সারা পাড়া -
চড়িয়ে যত চ্যাংড়া ছোঁড়া -
ঘুরতো সে ঢ্যাঙ ঢ্যাঙ!

কোলার ছিলো ভাই এক, গেছো ব্যাঙ!
সরু পায়ে গাছে গাছে -
লাফ দিতো সে হনুর ধাঁচে !
হাড় জিরজির হাত পা গুলো-
নড়তো যে ট্যাং ট্যাং!
আর যে ছিলো ব্যাঙাচি ও ব্যাঙ-
ডাকতো তারা কোলাহলে

109

নাচতো জলে সদলবলে-
ড্যাঙ-ড্যাঙাস্যাঙ-ড্যাঙ!

একদিন এক এলো সাপের গ্যাঙ!
টপ্ টপা টপ্ গিল্লো তারা-
ব্যাঙ-ব্যাঙাচির গুষ্টি সারা-
পরে দিলো ঘুম সে দেদার -
লেপ্টে ধরে গাছ এক মাদার-
লেজটি করে হ্যাঙ!

সাবা---ড় হলো ডোবার যত ব্যাঙ!
ডাকতো নাকো কেউ আর - ঘ্যাঙর ঘ্যাঙ!

৬২.ধর্মের কল

ধর্মের কল ঠিকই বাতাসেতে নড়ে,
মাঝে মাঝে তাতে বুঝি জঙ কিছু ধরে !
তবুও ধরাকে যারা করে জ্ঞান সরা,
একদিন বাছা ঠিক পড়ে যাবে ধরা!

অতি বাড় বেড়ো নাকো, পড়ে যাবে ঝড়ে,
নীতিকথা বারে বারে ফল কিসে করে ?
" জনতা জনার্দন," জানতে তো সবি!
জ্ঞানপাপী হওয়া বুঝি নেতাদের হবি!

ব'লে এলে এক কথা কাজ করো আর,
দিনদিন দেখি চেয়ে বাড়ে কত বাড়!
মুখে যত আওড়াও বড়বড় বুলি,
বসে রও দেখি এঁটে চোখে মোটা ঠুলি !

সুঁচ হয়ে ঢুকে সবে ফাল হয়ে ভাবো --
চিরদিন আমি বুঝি একইভাবে রবো!
বারে বারে ঘুঘু হয়ে খেয়ে যাবে ধান-
ভাবো যদি, কুশাসন হোক অবসান!

৬৩.রূপকথার দেশে

চাঁদের বুড়ি চরকা কাটে
চাঁদের কোলে বসে,
অভিমানে, তাই দেখে এক-
পড়লো তারা খসে!

আকাশ জুড়ে সাদা মেঘের
ছড়িয়ে আছে তুলো,
নীলপরীরা তাদের সাথে
করছে খেলাধুলো।

উঠান জুড়ে চাঁদের আলো
করছে লুটোপুটি,
কোজাগরী পূর্ণিমা আজ,
তাই বুঝিবা ছুটি!

বাঁশ বাগানে মর্মরে ঐ
পুবহাওয়া গায় গান,
কদমগাছে হুতোমপেঁচার
ঢুলছে ঘুমে প্রাণ!

সাতসাগর আর তেপান্তরের
তেরোনদীর পাড়ে,
রাজারকুমার দিলো পাড়ি
পক্ষীরাজে চড়ে!

কুঁচবরণ রাজকন্যার
মেঘবরণ চুল,
বন্দী রেখে দৈত্যি তারে
করলো কি যে ভুল!

ডুব দিয়ে আজ সাগর তলে
জানটা রেখে বাজি,
প্রাণভ্রমরায় করবে কোতল
রাজপুত্তুর আজই !

করছে বসে বর্ণনা সেই
ব্যাঙ্গমা ব্যাঙ্গমী,
মরছে দানো, তাইতো ভীষণ
কাঁপছে বনভূমি!

দাওয়ার পরে খেজুর পাতার
চাটাই খানি পেতে,
ঘেঁষে দিদায় খোকাখুকু -
গল্পে আছে মেতে!

গন্ধ বিলায় জুঁইচামেলী ,
হাস্নাহেনার ফুল,
শ্বেতবসনা দিদার ওড়ে
শণের মত চুল!

এমনধারা স্বপ্নময়ী
মায়াবী আবেশে,
মনটা যেন হারাতে চায়
রূপকথারই দেশে!

৬৪.শীতের আমেজ

ঝিরঝিরিয়ে বৃষ্টি পড়ে মেঘলা আকাশ খানা,
বইছে বাতাস শিরশিরিয়ে, নিম্নচাপের হানা !

সূর্যিমামা দেয়নি দেখা, আঁধার চারিধার
আকাশরাণী মান করেছে, মুখখানি তার ভার !

পৌষ এসেছে দোর গোঁড়াতে, হিমের পরশ বায়,
শহরবাসী আড়মোড়া দেয় লেপের তলায় তাই !

আকাশ বাণীর হাওয়া অফিস পূর্বাভাসে তার,
দিচ্ছে জানান, শীতের প্রকোপ বাড়বে নাকি আর!

হিমালয়ের ওপার থেকে উত্তুরে বাতাস,
জমিয়ে নাকি দিচ্ছে পাড়ি , জাগছে মনে ত্রাস!

ভয় কি ! তাকে জব্দ করার উপায় আছে জানা ,
আসুক না শীত হাড়কাঁপিয়ে, করবো না তায় মানা!

আসুক শীতের সান্তা সে ক্লজ চালিয়ে গাড়ি স্লেজ,
জমবে কেক এ বড়দিনে শীতের সে আমেজ!

উঠবে হাতে দস্তানা আর পরবো পায়ে মোজা,
মাফলারে কান, সোয়েটারে গা ,শীত বাবাজী সোজা!

ধুম্র-সফেন চা আর কফি, সকাল সাঁঝে রোজ,
খেজুর গুড়ে পিঠেপুলি ,জমবে মহাভোজ!

খিঁচুরীতে মটরশুঁটি ,সঙ্গে বেগুন ভাজা,
নদীর পাড়ে, বনের ধারে, চড়ুইভাতির মজা!

সায়েন্স সিটি, ভিক্টোরিয়ায় কচিকাঁচার ভিড়,
চিড়িয়াখানায় গাদাগাদি, আমোদ জমে ক্ষীর !

সার্কাস আর বইয়ের মেলায় শীতের রাতে মেতে ,
কচিকাঁচা, বুড়ো, জোয়ান, উঠবে সবে তেতে!

পড়ছে মনে খুশির সে রেশ , শীত এসেছে তাই,
পরান খুলে এসো তাকে স্বাগত জানাই!

৬৫. ধিক্কারি তার মানবজন্ম

সন্ত্রাসীদের নেই কোনো জাত
নেইকো কোনো ধর্ম,
করে বেড়ায় স্বার্থে নিজের
জন-নিধন কর্ম !
কোর-আন বলে নিরাপরাধ
একটি প্রাণও হানি -
খোদার চোখে সমগ্র জীব
হত্যা সম গ্লানি!

না আছে যার শিক্ষা-নীতি
না সেই ধর্ম-জ্ঞান-
সেইতো পারে বিনা দ্বিধায়
নিতে এমন প্রাণ!
সৃষ্টিজীবের কলঙ্ক সে
পশুর অধম মানি।
সভ্যতারই শত্রু সে জন
বিমূর্ত শয়তান-ই !

কাপুরুষোচিত কর্মে যে তার
নিন্দ্যভাষা নাই-
ধিক্কারি তার মানবজন্ম,
নরকে যে ঠাঁই !
ক্রোধের বশে করলো যে পাপ
পাপিষ্ঠ সে হাত
অগ্নিকুণ্ডে সুনিশ্চিত
 তার যে মুলাকাত!

৬৬.স্বাধীনতা সচেতনতা

স্বাধীনতা তরে প্রাণ অকাতরে
দিলো কত বলিদান,
হয়ে গেছে ছবি ,কত বিপ্লবী
ভারতের সন্তান!

পেয়ে সে স্বরাজ, লভেছি কী আজ?
কি যে তার অবদান !
আজও লড়ে যায়, তরবারি ঘায়
হিন্দু, মুসলমান!

ভুলে মানবতা আজও লাঞ্ছিতা,
অবলার সম্মান,
ভুঁয়ে লুঠিতা আজ এ স্বাধীনতা ,
বেঘোরে তে যায় প্রাণ!

স্বজাতির হাতে ম'রে অপঘাতে
রক্তের বয় বান।
জাতি-বিদ্বেষে দেশ হবে শেষে
ফের তবে খান খান?

দেশবাসী মরে ভুখে অনাদরে
নেই তার বাসস্থান,
শিক্ষা বেকার,হয়েছি হকার
নেই কাজে সংস্থান!

ঋণে বোঝা ভার, দুচোখে আঁধার,
চাষী করে বিষ পান,
কর অনাদায়ী,বড়ো ব্যবসায়ী

বিদেশেতে পিঠ টান!

নেতারা অন্ধ, চক্ষুবন্ধ,
বন্ধ দুখানা কান,
মুঢ় দেশবাসী গলে প'রে ফাঁসী
গায় তারই জয়গান।
হয়ে রাতারাতি সচেতন জাতি
কবে লভে হুঁশ, মান ?
কবে যে প্রকৃত স্বরাজ অর্জিত
জাতি হবে সজ্ঞান!
হানাহানি রুখে, চলো গায় সুখে,
জীবনের জয়গান।
দেশ ও দশ লাগি উন্নতি মাগি,
উৎসর্গি এ প্রাণ!

৬৭.অনন্ত আকাশ ডাকে

যারে পাখি যা, যারে পাখি যা
অনন্ত আকাশ ডাকে
যারে পাখি যা !
মিছে কেন থাকিস খাঁচায়
ঘরের ঐ কোনে ,
বনানীর সবুজ ডাকে
যা না মনে মনে !
যারে পাখি যা, যারে পাখি যা
অনাবিল আকাশ ডাকে
যারে পাখি যা !
পায়ে তোর থাক না বেড়ি
ডানা দুটি কাটা ,
খোলা তোর মনের কপাট
নেই খিল আঁটা!

যারে পাখি যা, যারে পাখি যা
ঘননীল আকাশ ডাকে
যারে পাখি যা !
অসীমে যা না উড়ে
মন পাখা মেলে ,
যেথা খুশি হারা সেথা
আকাশের নীলে !

৬৮.পৃথিবী ঘুরবে তবু

এতদিন অচেতনে -- বেসেছিলে ভালো-- মনে
না জানি যে- কত সে জনায়,
নিভৃতে সংগোপনে
কারণে কি অকারণে,
কেউ নয় তেমনি এ ---
ভালো আজ বাসলো তোমায়!

কতদিন পথচেয়ে- বিরহের গান গেয়ে --
তুলেছিলে কারো লাগি ফুল,
সারা রাত জেগে জেগে
মালা গেঁথে তোমা লেগে
আজ নয় আর কেউ
করলো এমনি এক ভুল!

অনেক স্বপ্ন নিয়ে- মনের মাধুরী দিয়ে
লিখেছিলে হয়তো কারে চিঠি,
আজকে অন্য কেউ
লেখে যদি তোমাকেও
নিরব অশ্রুলিপি---
নাহয় তুমিও পোড়ো সেটি!

অবেলায় বসে ঘরে , হয়তো বা কার তরে
হয়েছিলে একদিন কবি,
আজকে নাহয় কেউ
অন্তরে তুলে ঢেউ

রাঙিয়ে সে অনুরাগে,
আঁকলো তোমারও এক ছবি!

কতবার কতজনে- আপনার ভেবে মনে,
পেলে- স্বপ্নের নিষ্ফল ইতি,
আজ নয় কোন প্রাণ
তোমাতে বিলীয়মান ,
নিরালে দগ্ধে মরে
বুকে ক'রে প্রজ্জ্বল-- প্রীতি !

সৃষ্টির নিয়মেই- চলে যুগে যুগে সেই
লুকোচুরি-- খেলাঘর পেতে ,
কত ফুল পড়ে ঝরে
নিয়তির অনাদরে ,
ক্ষতি কিবা কার তাতে?
পৃথিবী ঘুরবে তবু -- মত্ত আপন খেয়ালেতে !

৬৯.সৌভাগ্যের রাত- শবেবরাত

করুণা ক্ষমার বার্তা হাতে
এলো নেমে সৌভাগ্য-রাত এ
-----পবিত্র শবেবরাত!
চলো সবাই দলে দলে
সারা রাতে এবাদতের ছলে
চেয়ে নিই -
খোদার মাগফেরাত!

গরীব দুঃখী আছে যত
অর্ধাহারী অনাহূত
ফকির ও মিসকিন !
কিছু তারে করি প্রদান,
সাধ্যমত যা চায় পরান
করি শুদ্ধ -
নিজ ধর্ম-দ্বীন!

মনে রেখো এই সে রাতে
ভাগ্যলিপি খোদার হাতে
হবে লেখা -
সারা বছর তরে!
কায়মনে করজোড়ে-
চেয়ে নাও মিনতি ক'রে
যত পারো -
আঁচল খানি ভ'রে !

সারারাতি আকাশ পারে
দয়াল প্রভু সৃষ্টে তাঁর এ
করেন আহ্বান!
কে আছো বান্দা আমার
কি আছে চাহিদা তোমার
চেয়ে নাও-
করে যাবো দান !

ঘুমে রাত করে উপভোগ-
হারিও না এ অভিনব সুযোগ
করে অবজ্ঞা
এবং অবহেলা!
ক্ষমা, দয়া, রুজি-রুটি
প্রভুর পায়ে মাথা কুটি
চেয়ে নাও -
অবোধ এই বেলা!

৭০.বসে আছি ধৈর্য্য ধ'রে

রাজা বলে - দেশের আমি, দশের আমি
সবার নেতা!
নিপীড়িত চেঁচিয়ে মরে অত্যাচারে,
শুনছে কে তা ?
মরে মানুষ লাঠির ঘায়ে ,আগুন গায়ে ,
হেথা, হোথা!
দেখে সব , নির্বিবাদে, নিঃশব্দে,
কোথায় ত্রাতা ?

কেউবা বলে ঠিক হয়েছে, জান গিয়েছে
এমন কি তা!
কেউবা বলে আহা আহা, যায় না সহা
বড়ই ব্যথা!
চলবে এসব আর কতদিন,আর কত হীন
বর্বরতা!
রাজা যদি হয় নিরুপায়, নাই কোন দায়
ছাড়ুক কেতা!

কে আছো ভাই সৎসাহসী , হানো অসি
বাড়িয়ে মাথা !
ভাঙো ত্রাস সন্ত্রাসীদের, ভেদবাদীদের
অসভ্যতা!
চারিদিকে উঠুক আওয়াজ, তুলে রেওয়াজ
নৃশংসতা !
শৃঙ্খলা সব ফেরাও দেশে, ন্যায্য যে সে
স্বাধীনতা!

চিরকাল রয় না সমান, হয় অবসান
সব শঠতা!
শুনেছি তো জন্মাবধি, নীতিবাদী
ইতিকথা!
কবে হবে শেষ অনাচার, প্রভুর বিচার-
তিনিই হোতা!
বসে আছি ধৈর্য্য ধরে, শোনার তরে
সেই বারতা!

৭১.সেই হিজলের গাছ

ছেলেবেলার গ্রামখানি সেই
শীতল ছায়ায় মোড়া-
পড়ছে মনে সারাটাদিন
নদীরধারে ঘোরা।
মধ্যিখানে চলার সে পথ
দুধার ঘাসে ঢাকা,
একধারেতে পুকুরপাড়ে
লুটায় হিজলশাখা!
আনমনে সেই বিজনঘাটে
কাটিয়ে দিতেম বেলা,
বয়ে যাওয়া প্রহর সে আজ
করছে মনে খেলা!

মাথার উপর সুনীল আকাশ
সামনে ধানের মাঠ,
অন্যদিকে বাঁশের বাগান
পাশে পুকুর ঘাট!
ভ্যারেন্ডার ঐ আঠা নিতাম
কচুরপাতায় ভ'রে
ফুঁ দিয়ে তা উড়িয়ে দিতাম
চোরকাঁটাতে ধ'রে!
রঙবেরঙের বাবল হয়ে
ঘুরতো চারিধারে!
দোলনা ভেবে দোল খেয়েছি
গাছের লতায় চড়ে!

নদীর বাঁধে থাকতে বসে
লাগতো কিযে ভালো !
হিজলশাখায় ফুলের মালা
ঝুলতো ক'রে আলো!
মুগ্ধ চোখে চেয়ে তাতে
সাধ হয়েছে কত,
সে ফুল পেড়ে গলায় দিয়ে
সাজি মনের মত!
আজকে বড় পড়ছে মনে
সেই হিজলের গাছ-
স্মৃতিতে তার পাতাগুলি
করছে হাওয়ায় নাচ!

৭২.দায়িত্ব

ভোর না হতেই সূর্যিমামা জ্বালায় পুবে আলো-
ঘুম ভাঙিয়ে জীবজগতের যত্নে, বেসে ভালো।
সারাটাদিন টহল দিয়ে দখিন আকাশ ঘেঁষে-
পশ্চিমেতে ফেরেন বাড়ি কর্তব্য শেষে।

সন্ধ্যা হলে সময় মত আসেন চন্দ্রমাসী-
রাতের আকাশ ঝলমলিয়ে মিষ্টি ক'রে হাসি!
নক্ষত্র প্রদীপ্ত হয় গগন জুড়ে সারা-
পথ দেখাতে এগিয়ে আসেন উজল ধ্রুবতারা!

ব্রহ্মাণ্ডে ছড়িয়ে আছে সৃষ্টি আরো কত-
রাত্রি দিবা দিচ্ছে সেবা যে যার নিজের মত।
বৃষ্টিধারায় তৃষ্ণা মেটায়, বৃক্ষ বিলায় বায়ু -
শষ্যদানা মিটায় ক্ষুধা, বাড়ায় পরমায়ু।

রঙবাহারী ফুলের শোভায় সুসজ্জিত ক'রে
পশুপাখি, সজ্জি,মাছে ভুবন দিলেন ভ'রে ।
মানব রূপে ক'রে প্রেরণ নিজের প্রতিনিধি-
কর্তব্য কর্ম সবার বেঁধে দিলেন বিধি ।

সৃষ্টিসেরা মানুষ, তারে করছে সবাই সেবা-
এমন দয়াল প্রভু , তাঁরে রাখছে মনে কেবা?
প্রকৃতিতে করছে সবাই দায়িত্ব তার পালন
দায়িত্ব যে তোমার মানব শিষ্টাচারে লালন!

সৃষ্টিজীবে করলে সেবা ,করলে তারে দয়া
তুষ্ট হবেন স্রষ্টা স্বয়ং, জীবন পাবে নয়া।
পরীক্ষা যে দিতে সবার বিশ্বচরে আসা-
স্মরণ রেখে বিলাও সবে কৃপা, ভালোবাসা।

সৃষ্টিজীবে করলে সেবা ,করলে তারে দয়া
তুষ্ট হবেন স্রষ্টা স্বয়ং, জীবন পাবে নয়া।
পরীক্ষা যে দিতে সবার বিশ্বচরে আসা-
স্মরণ রেখে বিলাও সবে কৃপা, ভালোবাসা।

৭৩.আসল সাফল্য

বাল্যকালের শোনা সে যে -
জোরটি আছে যার
শুনে রাখো মোদ্দা কথা--
মুলুক নাকি তার!

যার আছে বল, ভারি সে দল
যার আছে ধন, টাকা
ছেলে বলে কৌশলে তার
ভাগ্যে ঘোরে চাকা!

করুক সে নয় ফূর্তি দুদিন
যাবে কি আর রাখা
প্রতাপ প্রভাব চিরটাকাল ?
বুঁজলে আঁখি - ফাঁকা!

ভবজীবন পরীক্ষা এক
স্মরণ রেখে সেই,
আসল সাফল্য তো তারই
ধৈর্য্য ধরে যেই !

৭৪.নিঠুর নিয়তি

রোজ ফিরে আসি সিঁড়ির তলায়
ডাকবাক্সটার কাছে--
বুকে অদম্য এক আশা নিয়ে
হয়তো কোনো নীল খামে
তোমার চিঠি আছে!

রোজই প্রায় এক দুবার
টুঁ মেরে যাই,
সকাল সন্ধ্যা না হয় রাতের আঁধারে--
সেই বিফল আশায়!

আশা নিরাশার দোলাচলে
আমার এ তরী বাই,
জোর করে ধরে রাখা আশা
রোজ তবু
বাজি হেরে যায়!

তবু মানে না সে হার
পরের দিনই ফিরে আসা
আবার-
ডাকবাক্সটার গোঁড়ায়!
একেই কি বলে আশা কুহকিনী ?
নিঠুর নিয়তি? হায়!

৭৫.স্বপ্নবিলাস

স্বপ্ন বিলাস মনের কোণে
হারিয়ে কোনো বিজন বনে
তপস্বিনীর মত,
বাঁধবো সাধের ছোট্ট কুঁড়ে
হোগলা উলুর ছাউনি মুড়ে,
প্রকৃতি আশ্রিত !

নাচবে ময়ূর,চরবে হরিণ
উড়বে প্রজাপতি ফড়িং
জুটবে পাখি যত-
সাগরবেলায় সাজিয়ে ভেলা
সন্ধ্যা সকাল গেঁথে মালা
রইবো সাধনরত!

জোয়ার যখন আসবে কূলে
সাপের মত ফণা তুলে
ফেনিয়ে অবিরত ,
রইবো চেয়ে মুগ্ধ চোখে
অনুরাগের অনুভবে
হয়ে আবেশিত!
হৃদয়টির ঐ সাগরতীরে
চাঁদের আলো রইবে ঘিরে,
মুক্তা-খুশির শত
ছড়িয়ে দেবো আকাশ পানে
ভরবে জীবন গানে গানে
শান্তিসুখে স্নাত!

রৌদ্রমেঘের লুকোচুরি

৭৬.হারিয়ে গেলাম শেষে

জানি না এ অঝোর ধারায় -
বৃষ্টি বকুল বনে,
কেমন করে লাগিয়ে গেলো
আগুন যে এই মনে!
অন্তরের ঐ কোণে!

থেকে থেকে গাছের শাখে-
রিমি ঝিমি সুরে!
কানে যেন বাজে যে তা
নির্জন দুপুরে -
নিক্কন নুপুরে!

শিরশিরিয়ে বইতে থাকা-
মিষ্টি বাদল হাওয়া!
লাগলে গায়ে হয় যেন তা
পরশ কারোর পাওয়া!
তাইতো এ গান গাওয়া!
উদাস চোখে আকাশ বুকে-
মেঘের আসা যাওয়া!
সঙ্গে তাদের মন বলাকার
পিছে কারোর ধাওয়া!
এক কল্পতরী বাওয়া!
এই অবেলায় কোন সে খেলায়-
বৃষ্টি ধারা এসে,
পাঠিয়ে দিলো এ মন বাউল
জানি না কোন দেশে!
হারিয়ে গেলাম শেষে!

৭৭.কৌতূহলী

কি জানি কী নামটি তোমার
দাঁড়িয়ে পুকুর পাড়ে -
সারাটিক্ষণ আমার পানে
চাও যে চোখের আড়ে!
চুলগুলি সব এলোমেলো
দুহাত কোমর 'পরে-
মৃদু দোলো হাওয়ার সাথে
বাঁকা পায়ের ভরে!

সারি সারি পাতাগুলি
সাজিয়ে নিয়ে ডালে ?
ঝিরি ঝিরি নাড়াও যে তা
হাওয়ার তালে তালে!
জড়িয়ে তোমায় ঐ উঠেছে
জংলি ফুলের লতা-
দুজন মিলে জমলো বুঝি
মনের যত কথা!

পুকুর ধারে সারি করে-
গাছ যে আরও কত-
সব কটা কি পড়শি তোমার
জুটলো মনের মত!
রইলে আমি বারান্দাতে
বলছো ওদের কী টা?
ইশারাতে আমায় নিয়ে
বুঝতে পেরেছি তা!

আমি যেমন থেকে থেকে
তোমার পানে চাই-
ভাবি মনে কী নাম তোমার
জানতে যদি পাই !
তুমিও ঠিক তেমনি ক'রে
কৌতূহলী হয়ে-
চাও বুঝি তাই ঋদ্ধ হতে
আমার পরিচয়ে?

৭৮.বুমেরাং
(রম্য কবিতা)

রাজনীতির ঐ দামড়া গুলোর
পা টুক চেঁটে খাই,
ভিনরাজ্যে বাস করি, জ্ঞান-
গম্যি কিছুই নাই!
কে যেন সে বিদ্যাসাগর?
নাম শুনিনি মোটে!
শুনবো কি আর, কোন জনমে
বিদ্যে ছিলো পেটে?
খাই করে- ভাই চামচেগিরি!
যখন পড়ে ডাক-
ডাঙা মেরে ঠাণ্ডা করি,
পাই যত বুর্বাক!

যেদিন ছিলো জষ্ঠি মাসের
কাষ্ঠ ফাটা গরম!
ভিড়ের মাঝে শুনলে স্লোগান
থাকে কি মন নরম?
কলেজ গেটে হুড়োহুড়ি
ছুটছে গালির বান!
তাই না শুনে রক্ত গরম!
প্রেস্টিজেতে টান!
হুড়মুড়িয়ে ঝাঁপিয়ে পড়ে
দিয়ে বিরাট লাফ!
ছিলো যত চ্যাংড়া ছোঁড়া
করে- দিলাম সাফ!

সেই সময়ে চড়া মেজাজ
থাকে কি আর তাক?
সামনে পেলাম, কার যে মাথা
করে দিলাম ফাঁক!
মূর্তি নাকি আসল মানুষ
হুঁশ ছিলো কি মোটে?
শুননু পরে বিরাট মাপের
মনীষী এক বটে!
এখন বসে হাত কামড়াই
করলাম টা কী?
জাত বাঙালির তুষাগুনে,
ঢাললাম যে ঘি!

এখন যতই চেষ্টা করি
নিভবে কিসে আগ?
পার্টির নেতার দাদাগিরী --
বলছে সেও -- ভাগ!
মস্ত নামী মস্তান ভাই
চালু হ্যান্ড আর টাং!
জানতো কে আর - চালাতে হাত
হবে বুমেরাং!
শুনছি এখন ধিক্কার রব-
বলছে সবাই ছিঃ!
পার্টির ক্যাডার, শূন্য ঘিলু!
তাই এমন করেছি!

৭৯.পরিযায়ী শ্রমিক

এক দেশেতে জন্ম যেথা আপনজনের বাস-
অন্য দেশে থাকি পড়ে খাটতে বারো মাস!
হাড়খাটুনি খেটে সেথায় পয়সা দুটি পাই,
জমিয়ে সেটুক পরিবারের হাসি যে ফোটাই !

শিখবে ছেলে লেখাপড়া ,বাঁধতে হবে ঘর,
দিতে হবে মেয়ের বিয়ে হয়তো দুদিন পর!
ভুখা পেটে খাটছি শুধুই রাতকে ক'রে দিন,
স্বপ্ন শুধুই পরিজনের আনতে সে সুদিন!

গড়ছি কোথাও সৌধ সেতু রাস্তা অট্টালিকা ,
স্বর্ণশিল্পে জরির কাজে খাটছি মজুর ঠিকা!
জীবনটাকে বাজি রেখে করছি ঝুঁকির কাজ!
মরছি পড়ে মাচা ভেঙ্গে, মাথায় পড়ে বাজ!

তোমরা বাবু রাজপ্রাসাদে আয়েশ ক'রে রও,
তোমার যত কাজের বোঝা আমার পিঠে বও!
আমার চাওয়ার নাইকো মূল্য ,নাই জীবনের দাম!
যন্ত্রমানব যেন আমি-ঝরাই শুধু ঘাম!

যখন খুশি নারাজ আমায়, মর্জিমাফিক রাজি!
কাজের বেলায় কাজী, আবার কাজ ফুরালেই পাজি!
খাও নারকেল আমার মাথায় লাগিয়ে সেটার বাড়ি!
খেদাও আবার আমায় ব'লে অনুপ্রবেশকারী!

যখন তখন ঘরছাড়া হই ঠুনকো অজুহাতে!
নির্বিচারে আমিই মরি দুর্যোগে, দাঙ্গাতে!
পরিযায়ী শ্রমিক আমি - এইতো পরিচিতি,
পিঁপড়ে সম এই জীবনের নির্বিকারে ইতি!

যখন তখন ঘরছাড়া হই ঠুনকো অজুহাতে!
নির্বিচারে আমিই মরি দুর্যোগে, দাঙ্গাতে!
পরিযায়ী শ্রমিক আমি - এইতো পরিচিতি,
পিঁপড়ে সম এই জীবনের নির্বিকারে ইতি!

৮০.সাইক্লোন

চারিধার ঘন মেঘে
আঁধারে আবেষ্টি ,
সারাদিন সারারাত
ঝমঝম বৃষ্টি!

কড় কড় পড়ে বাজ,
বুজে আসে দৃষ্টি,
বাপরে সে কী দাপট
দেয় নাকো তিষ্টি !

শনশন ঝোড়ো হাওয়া
সাইক্লোনে ক্লিষ্টি
ওড়ে চালা, পড়ে গাছ,
সেকি অনাসৃষ্টি!

ভাঙে বাঁধ, ধসে ঘর ,
মরে লোকে পিষ্টি !
অপরূপ ভয়াবহ
বিধাতার এ সৃষ্টি !

৮১.সুখের এ স্বপ্নঘোর

ভাঙিয়ো না সখি ভাঙিয়ো না এই
মোহাবেশী ঘুমঘোর!
ভাঙে নাকো যেন এ সুখস্বপন
হয় না এ রাত ভোর!

আছি এ আবেশে তাইতো জীবন
লাগে নাকো বন্ধুর-
শত বাধাতেও যাই যে এগিয়ে
সম্মুখে শতদূর!

ক্লান্তি করে না স্পর্শ মননে
আছি এ স্বপনে তাই,
প্রতিকূলতা ও জীবনযুদ্ধে
সাহস ও শক্তি পাই!

আছে এই আশা, সান্ত্বনা হয়ে
মন ভরে রাখে যা -
শত দুর্যোগে দিয়ে যায় এ যে
সাফল্য বারতা!

ভাঙিয়ো না সখি দোহাই তোমার
সুখের এ স্বপ্নঘোর!
থাক না নীরবে মোহের এ আবেশ
হৃদয়ে নিরন্তর!

৮২.বাসাবদল

হয়ে গেলো বহুদিন-
এসেছি নতুন বাসায়,
মনে কি রেখেছে সেই পুরাতন বাসা
এখনো আমায়?

আর সবই রয়ে গেছে শুধু আমি ছাড়া
আর কেউ নিয়ে আছে বাসাখানি ভাড়া!

এখনো সে গুড় ওয়ালা--
চাই গুড়, গুড় নেবে! --হেঁকে যায় রোজ !
আজও সেকি যেতে পথে নেয় আমার খোঁজ?

বুঝি আজও
পাড়ার সেই মুদির দোকানে
দাদা রোজ ক্রেতাদের ফরমাস শোনে!
দোকান করতে রোজ যেতাম রাতে,
কত হতো আলাপন বৌদির সাথে!
আজও কি ঠিক রাত -সাড়ে ন'টা হলে
বৌদি আমার আশায় চোখদুটি তোলে?

পড়লে নতুন মাস বাড়ি ওয়ালা দাদা
নীচে নেমে এলে -
দিয়েছি নতুন টাকা ডাক দিয়ে তাকে
হাতে গুনে তুলে,
বলেছেন হেসে দাদা -এতো কি সে তাড়া?

দিতে নয় রয়ে সয়ে এই বাড়িভাড়া!
আজও মাস পয়লায় দরজার কোণে-
শোনে কি সে ডাক দাদা?
পড়ে কথা মনে?

রান্নাঘরের সেই জানলাটি দিয়ে
প্রতিবেশী বৌদিদি আর তার ঝিয়ে
তুলতে পুজোর ফুল পাঁচিলের পারে
বলে যেতো কত কথা -ব্যথা ভরা ধারে!
আজও বুঝি তোলে ফুল স্নান হলে সারা,
ভুল করে জানলায় আজও চায় তারা?

আজও কি সে ভিক্ষুক
হুইলচেয়ারে-
মা মা বলে ডেকে শেষে
নিরাশায় ফেরে?

বিড়ালের ছানাদুটি ভোরবেলা হলে
উঁকি দিয়ে খোঁজে আজও
দোরের আড়ালে ?

লেজ নেড়ে কালো সেই কুকুরের ছানা
পিছু নিতো পথে যেতে, কিছুদূর টানা!
দেওয়া হতো বিস্কুট বাড়ি এলে ফিরে
সেই আশে গেট খানি রইতো সে ঘিরে!
আজও কি অন্য কারো নেয় সেটি পিছু?
চোখে ভাসে সেই পথ, আরো কত কিছু!

মনে পড়ে সেই আম সুপারির বন-
কেটে গেছে কত বেলা চেয়ে অনুক্ষণ !
ডাহুকের সেই ডাক ,পাশের জলায়

সে সব অতীত দিন-চলে গেছে হায়!

একদা এমনি করে যাবো সবই ছেড়ে-
রয়ে যাবে আর সব তেমনই তো পড়ে!
আমি যাবো, এসে যাবে অন্য কোনো জনে-
নয় কেউ চিরস্থায়ী নশ্বর এ ভুবনে!

সে সব অতীত দিন-চলে গেছে হায়!

একদা এমনি করে যাবো সবই ছেড়ে-
রয়ে যাবে আর সব তেমনই তো পড়ে!
আমি যাবো, এসে যাবে অন্য কোনো জনে-
নয় কেউ চিরস্থায়ী নশ্বর এ ভুবনে!

৮৩.মায়ের কদর

বিপদে আপদে কিংবা অসুখে
ডাকি সবে - মাগো মা!
সন্তান লাগি মায়ের যে মায়া
নাই তার তুলনা!
মায়ের মমতা অপার সিন্ধু
পাই নাকো যার তল-
চরম অ-দিনে মা'র সান্ত্বনা
যোগায় মনেতে বল!

মায়ের আঁচল মহীরুহ সম
ছায়ায় ঢাকে পরান,
মা'র স্নেহধারা নদীর মতই
সর্বদা বহমান,
স্রষ্টা দিলেন নিজের করুণা
মায়ের হৃদয়ে বুনে-
ভরে মনপ্রাণ- মায়ের কণ্ঠে
স্নেহের সে ডাক শুনে!

মায়ের আশীষ রইলে সঙ্গে
নেই আর কোন ভয়-
নিশ্চিত জেনো সে সন্তানের
জীবনযুদ্ধে জয়!
থেকো সচেতন মা'র বুকে যেন
কভু লাগে নাকো ব্যথা-
জেনে রাখো মনে মা'র সন্তোষ
জীবনের সফলতা!

বুঝলে না যদি মায়ের কদর
এই পৃথিবীতে এসে-
ব্যর্থ তোমার সকল সাধনা
জীবন প্রান্তে শেষে !
মানবজীবনে বিধাতার পর
মায়ের অবস্থান -
রেখো এ স্মরণে মা'র পদতলে
স্বর্গ বিরাজমান!

৮৪.সংহারো রিপু মানবজাতির

মানুষে বানালো পরমাণু বোমা,
শত শত মিশাইল ,
অদৃশ্য "করোনা" তোমার আঘাতে
ধরণী সারা কাহিল!

পরাক্রম শালী আমেরিকা, চিন
রাঙাতো সবারে চোখ!
কাবু হয়ে তারা তোমার প্রতাপে
করে পরিতাপ শোক!

মানুষে মানুষে লাগাতো বিবাদ
যে সব ক্ষমতালোভী-
উঠেছে শিকেয় ছলাকলা তার
প্ররোচনা মুলতুবী!

ধর্মে জাতিতে করে হানাহানি
করেছি নিজেরে নাশ!
ক্ষুদ্র জীবাণু সকলের মনে
জাগালে আজিকে ত্রাশ!

মানি নিকো মহামানবের দেয়া
বিনয়, নম্রনীতি-
দিয়েছে সে বোধ আজ আমাদের...
করোনা তোমার ভীতি!

ভুলালে বিভেদ আমির ও গরীবে
করালে স্বার্থে জয়!
ভালোবেসে এক- হতে পারি নাই
একতা এনেছে -- ভয়!

"করোনা " বিনাশো দুষ্ট কপটে
করো তার পাপক্ষয় -
সংহারো রিপু মানবজাতির ,
মানবজাতিরে নয়!

ভুলালে বিভেদ আমির ও গরীবে
করালে স্বার্থে জয়!
ভালোবেসে এক- হতে পারি নাই
একতা এনেছে -- ভয়!

"করোনা " বিনাশো দুষ্ট কপটে
করো তার পাপক্ষয় -

৮৫.বিদ্বেষী

শিয়রে দাঁড়িয়ে শমন
তবু এতো বিদ্বেষ?
এখনো মনেতে কালি
মুখেতে ঘৃণার শ্লেষ?
চলেছিস অবিরত
ক'রে ছিদ্রান্বেষ!

চলবে কতই আর
কটুবাক্যের রেশ!
চক্রান্তের রচনা
আঁধারে অধিনিবেশ!
মিথ্যা কুৎসা রটনা
মিছে অভিযোগ পেশ!

ওরে মূঢ় বিদ্বেষী
কবে হবে এর শেষ?
থাকতে সময় কর
শোধনে অভিনিবেশ !
ফসকে না যায় দ্যাখ
এ সুযোগ শেষমেষ !

কেন এ কঠিন কাল
করেছিস বিশ্লেষ?

কবে যে খুলবে চোখ?

চেতনার উন্মেষ?
ভুলে যা ,ছিলো যত
কুৎসিত অভ্যেস!
নইলে অদৃষ্টে তোর
আছে ঘোরতর ক্লেশ!

চেতনার উন্মেষ?
ভুলে যা ,ছিলো যত
কুৎসিত অভ্যেস!
নইলে অদৃষ্টে তোর
আছে ঘোরতর ক্লেশ!

৮৬.গাঁজাখুরি গপ্পো
(শিশুতোষ ছড়া)

গাঁয়ের ধারে পুকুর পাড়ে এক সে ছিলো ব্যাঙ-
বৃষ্টি হলে ঢেউয়ের তালে গাইতো ঘ্যাঙোর ঘ্যাং,
একদিন এক গোসাপ এসে ধরলো যে তার ঠ্যাঙ -
অমনি ব্যাঙে অন্য ঠ্যাঙে মারলো তাকে ল্যাং!

বাপরে! বলে গোসাপ তখন মারলো জোরে লাফ,
লাফের চোটে লেজ খানা তার ভেঙেই গেলো হাফ!
হাসপাতালে ভর্তি হলো তখন সে গোসাপ,
ডাক্তারেতে বললো দেখে, এ হাড় জোড়া টাফ!

অপারেশন ক'রে যে তাই লেজটি দিলো বাদ,
গোসাপ এখন গোরু হয়ে করছে চাষ-আবাদ!
জমির ধারে লিচুর গাছে ঝুলছে লিচুর গাদ,
গরুর ভীষণ ইচ্ছে হলো নিতে যে তার স্বাদ!

একদিন তাই গরু হঠাৎ চড়তে গেলো গাছে ,
তাই না দেখে এগিয়ে এলো বানর যে তার কাছে!
লিচুর স্বাদে গোরু তখন শিং বাগিয়ে নাচে ,
রেগেমেগে হনু তখন খামচে দিলো পাছে!

গরু তখন চিতপাতিয়ে পড়লো গাছের তলায়-
হাত-পা ভেঙে পরিণত - মাংস পেশীর দলায়!
আবার যে সে গোসাপ হয়ে ফিরে এলো নালায়-
বন্ধু হলো ব্যাঙ আর গোসাপ এবার গলায় মালায় !

৮৭.আশার প্রদীপ

আর কতকাল রইবি মলিন বিষন্নতার শোকে?
স্বপ্ন মাঝে দিচ্ছে অরুণ হাতছানি যে তোকে!

দিকে দিকে পাখির সারি ধায়ছে হতেই ভোর-
আছে যে এক রঙিন প্রভাত অপেক্ষাতে তোর!
বুকের উপর পাথর চেপে ধৈর্য্য নিয়ে থাক-
নাইতো দেরি নীল আকাশের আসবে যেদিন ডাক!

যে সব পাখি আজকে তোকে গান শুনিয়ে যায় -
যেদিন তাদের সঙ্গ পাবি, সেদিন দূরে নাই!

দিগন্তে তুই উড়ে যাবি অতীত গ্লানি ফেলে-
পাখির ঝাঁকে মেঘের ফাঁকে পাখনা দুটি মেলে!

নাইবা থাকুক রবির আলো নিবিড় ঘন রাতে-
আশার প্রদীপ রাখ জ্বালিয়ে সদা নিজের সাথে!

ফলের পানে না তাকিয়ে কর্ম করে যা-
প্রভু কভু শ্রমফল নষ্ট করেন না!

৮৮.নিরালা সে সংসার

বিদ্যুৎ গ্রিডগুলি সারি সারি মাঠে
হাত ধরাধরি ক'রে খাড়া বুঝি ঠাটে !
ইটভাটা চিমনিটা মাঝখানে তারি
চিতিয়ে পাঁজর যেন দর্পেতে ভারি!
এককালে এইখানে ছিলো তার রাজ
দিয়ে যায় সাক্ষ্য সে বুঝি তারই আজ!
শুনশান প্রান্তর জঙ্গলে ঢাকা-
তারই মাঝে ক'টা দীঘি ,বাকিটুকু ফাঁকা।

এককালে গমগম করতো সে ভাটা
লোকজনে দলবলে হতো মাটি কাটা,
লাল লাল ইটগুলি সারি সারি শোয়া,
চিমনিতে গলগল বের হতো ধোঁয়া।
আজ সব ইতিহাস, বন্ধ সে ভাটা,
বড়ো বড়ো দীঘি আজ, মাটি হয়ে কাটা।
করতো সেথায় কত আনাগোনা কুলি-
দীর্ঘশ্বাস ফেলে ভেবে সেইগুলি!

কলরোলে সেথা আজ পাখিদের ডাক
শোনা যায় মাঝে মাঝে শিয়ালের হাঁক!
মাছরাঙ্গা উড়ে বসে ইলেকট্রিক তারে
পানকৌড়ির ঝাঁক ব'সে সারে সারে!
দীঘি করে ঢলঢল ভরা কালো জলে
বক, হাস ডাহুকেরা ভরে কোলাহলে!
নিরালা সে সংসারে, শান্তি যে ভারি-
পাহারায় যেন গ্রিড, চিমনির সারি!

৮৯.ফাল্গুনেতে হঠাৎ বাদল

কালো মেঘে আকাশ ঢেকে আঁধার এলো ঘিরে
ক্ষণে ক্ষণে ঝিলিক মারে বিজলী গগন চিরে!

গুরু গুরু গর্জনে তার ভুবন ওঠে কেঁপে
ঝোড়ো হাওয়ায় প্রবল ধারে বৃষ্টি এলো ঝেঁপে!

কাজলা দীঘির জলের রাশি ধায়ছে ঢেউয়ে বেগে,
মেঘের ডাকে প্রাণ খানি তার উঠলো বুঝি জেগে!

সবুজ বনে গাছের সারি ঘোমটা টেনে মুখে -
লজ্জারাঙা বধূর মতন সামনে পড়ে ঝুঁকে!

রেহাই পেতে বৃষ্টি থেকে ঠাঁই খানি তার খুঁজে-
পাতার ফাঁকে পাখ পাখালি রইলো মাথা গুঁজে!

জলে ধুয়ে আমের মুকুল পেয়ে নূতন শ্বাস-
বাদল বায়ে উজার ক'রে ছড়াচ্ছে সুবাস!

শিমুল গুলি দিচ্ছে উঁকি পত্রবিহীন শাখে-
উদাস সুরে পিউপাপিয়া ডাকছে সাথীটাকে !

ফাল্গুনেতে হঠাৎ বাদল লাগছে নাকো মন্দ-
উতল হাওয়ায় জাগলো পুলক,চিত্তে মহানন্দ!

৯০.বহুরূপী রবি

ভোরবেলা রাঙা রবি টুকটুকে লালে
ঠিক যেন টিপ দেওয়া আকাশের ভালে!

সাঁঝবেলা মেঘে আঁকা গগনের শোভা
সাজে রূপ মনোহর সূর্যের প্রভা!

দুপুরে সে সূর্যটা গনগন জ্বলে
চোখ যেন ঝলসায় সেই দাবানলে!

শীতকালে মিঠে রোদ লাগে যবে দেহে
ভরে ওঠে প্রাণমন যেন তার স্নেহে !

শরতে যে মেঘ সনে খেলে লুকোচুরি
বর্ষায় অভিমানে লেপে রয় মুড়ি!

বহুরূপী রবি যেন সারা দিনমানে
জীবকূল বেঁচে রয় তারই অবদানে!

৯১.বিনয় নিয়ে থাক

মজুত করে অ্যাটম বোমা দেখাচ্ছিলি ভয়!
করোনায় আজ ঘায়েল হয়ে, কেন এ সংশয়?

শত্রু এখন কোথায় গেলো? সামলা আপন ঘর!
চাচা আপন প্রাণ তো বাঁচা! বাঁচলে মারিস পর!

সংখ্যা নাকি বাড়ছে লোকের! লাগছিলো না ডর?
তাইতো এলো মহামারী হঠাৎ ভয়ঙ্কর!

এখন কেন প্রাণ বাঁচাতে লুকাস ঘরের কোণে?
পড়লি এখন নিজেই ফাঁদে ,ফেলতে আরেকজনে !

শত্রু ভাবিস পড়শিটাকে, পড়লি এখন ঠেলায়!
সঙ্গে তারই জমবে পাড়ি নিয়তির এ ভেলায় !

শত্রু কে তা বুঝলি এবার? খুললো এবার চোখ?
বিধির বিধান বড়ই কঠোর! বুঝবে এবার লোক!

করিস নে আর হল্লা মিছে, বিনয় নিয়ে থাক!
কে জানে কার আসবে কখন পরপারের ডাক!

৯২.খেজুর গাছের রূপ

খাঁজে খাঁজে সাজিয়ে পাতা
দাঁড়িয়ে খেজুর গাছ,
ঠিক যেন তার পেখম মেলে
করবে ময়ূর নাচ!
মাথার উপর পাতাগুলি
সাজলো থরে থরে,
ফোয়ারাতে যেমন করে
জলের ধারা ঝরে!

ঝিরি ঝিরি ফলকগুলি
খেজুর শাখার পর-
সারি সারি দাঁড়িয়ে সোজা
লাগছে মনোহর!
সুচাকৃতি পাতার ডগে
তীক্ষ্ণ সরু কাঁটা,
কান্ড খানা ত্রিভুজাকার
ফলকে খাঁজকাটা!

কমলা রঙের খেজুরগুলি
সাজিয়ে থাকে থাকে-
ফলের ভারে কাঁদিগুলি
ঝুলছে শাখার ফাঁকে!
চেয়ে চেয়ে ভাবছি শুধু
বিস্ময়ে নিশ্চুপ-
হয়নি দেখা এমন করে--
খেজুর গাছের রূপ !

৯৩.ভাগ্যের পরিহাস

হয়েছিলো টেনেটুনে ক্লাস টেন পাশ
করা হতো গ্রামেতেই তাই চাষবাস !
চড়া সুদে ঋণ নিয়ে মহাজন হতে
বিঘা দুই জমি চাষ হতো কোনমতে !
বছরের শেষে ছিলো যতটুকু আয়
ঋণ শোধ করে দেখি হাতে কিছু নাই !
জমিজমা বেঁচে তাই ,ছেড়ে ঘরবাড়ি
ভিনদেশে কাজ পেতে দিয়েছিনু পাড়ি !

যত হতো রোজগার প্রতি মাথাপিছু
পাঠাতাম গ্রামে সেটি জমিয়ে তা কিছু ।
হঠাৎই যে করোনার মহামারী এসে
লকডাউন পড়ে গেলো দেখি সারাদেশে !
কারবার ঘুচে হলো শেষ কাজ কাম
নেই পথও ফিরবার নিজ নিজ গ্রাম !
নেই রুটি ,নেই জল ,নেই কানাকড়ি
গাদাগাদি প'ড়ে আছি পেটে বেঁধে দড়ি !

ফিরে যেতে অবশেষে দিয়েছিনু হাঁটা
হাজার মাইল পথ, রোদে চাঁদিফাটা !
ঝোপ বুঝে কোপ মেরে নিয়ে গেল টাকা
ঘুষখোর পুলিশেতে ট্যাঁক ক'রে ফাঁকা !
তৃষ্ণায় ছাতি ফাটে, জ্ব'লে যায় পেট
দিনরাত তবু চলি ক'রে মাথা হেঁট !
রাতটুকু পার ক'রে ভোর বেলা হলে
রেললাইন ধারেতেই ঘুমে পড়ি ঢ'লে!

পাই নাই কোনো টের, পাই নিকো দিশে
মালগাড়ি যে কখন দিয়ে গেল পিষে !
বাড়ি ফেরা হয়নিকো পায়ে দিয়ে হাঁটা
লাশ হয়ে ফেরা হলো ট্রেনে প'ড়ে কাটা!
গড়ে দেশ শ্রম দিয়ে ঝরিয়ে যে ঘাম!
নেই তার জীবনের এতটুকু দাম !
পিঁপড়ের মত সে যে চলে অবিরাম!
পিপঁড়েরই মত তার হলো পরিণাম!

ধনীদের প্লেনে ফেরা মিলে যায় ফ্রিতে!
গরিবের বেলা ট্রেন চায় ভাড়া নিতে!
ভুখা পেটে চ'লে তাই শুখা পথটিতে
গরিবকে বেঘোরেই হয় প্রাণ দিতে!
রোদে জলে গতরে যে খাটে বারোমাস
হয়ে রয় আজীবন সেই ক্রীতদাস!
নয় এ যে পৃথিবীর নয়া ইতিহাস
ভাগ্যের বরাবরই একই পরিহাস!

৯৪.মেঘলা সকাল

সকাল বেলায় উঠে দেখি
পাঁশুটে মেঘ আকাশ ছেয়ে-
শিহরণে জাগিয়ে তনু
শীতল বাতাস আসছে ধেয়ে !
মন্দ মৃদু ছন্দ তালে
ঢেউয়ের দোলা লাগিয়ে গায়ে-
সবুজ বনে ঘেরা দীঘি
সবুজ চোখে আছে চেয়ে!

শুভ্র পালের পাখনা মেলে
বকের খেয়া চলে বেয়ে!
সেগুন মেহগনির ফাঁকে
উদাস কোকিল ওঠে গেয়ে!

খেজুর শাখা দোলায় চামর
মনে মনে আমোদ পেয়ে!
উড়িয়ে আঁচল নৃত্য করে
যেন কোন তন্বী মেয়ে!
মেঘলা আকাশ বাউল বাতাস
দীঘির বুকে গোঁত্তা খেয়ে
ঢেউয়ের তোড়ে ঘাটের 'পরে
আছড়ে পড়ে দৌড়ে গিয়ে!

এমন দিনে হৃদয় কোণে
জাগায় পুলক এমনই এ
ইচ্ছে জাগে কাব্য লিখি
খাতাকলম বাগিয়ে নিয়ে!

৯৫.এমন মধুর রাত

মুগ্ধ করা চাঁদের আলোয়
জ্যোৎস্না ঝরা রাত-
দীঘির ঢেউয়ে চাঁদের ছটা
করছে মোলাকাত!

তীক্ষ্ণ সুরে পিউ সুদূরে
দিচ্ছে সাথীর সাথ,
নিমের ফুলে ছড়িয়ে সুবাস
করছে ভুবন মাত!

ধায়ছে বেগে দখিন হাওয়া
সম্মুখে পশ্চাদ-
মর্মরে তার শুকনো পাতা
গাইছে ধারাপাত!

পর্দাগুলি হাওয়ায় উড়ে
চাইছে ছুঁতে ছাদ-
ক্যালেন্ডারের ঘষা লেগে
তুলছে দেওয়াল নাদ!
মেঘের কোলে রুপোর প্রলেপ
বুলিয়ে দিয়ে চাঁদ-
জানাতে চায় সোহাগে তার
আদুরে আহ্লাদ!
কাটছে না এ মদির আবেশ,
মিটছে না এ সাধ-
ইচ্ছা জাগে কাটাই জেগে
এমন মধুর রাত !

৯৬.করো উদ্ধার প্রভু

বিলাও তোমার করুণা জগতে
পরম করুণাময় !
নিপীড়িত জনে দাও সুবিচার
পাপাচারে করো লয়!
দিকে দিকে আজ ওঠে হাহাকার
আর্তেরা কাঁদে হায়!
কত শিশু হলো অনাথ এতিম
কত জনপদ ছাই!

হারিয়েছো বুঝি ধৈর্য্য আজিকে
তাই এলো দুর্যোগ এ!
সারা পৃথিবীতে নেমেছে প্রলয়
জনজাতি দুর্ভোগে!
ভুলে গেছি আজ জাত পাত অরি
শিয়রে ঝুলছে খাঁড়া!
বাঁচাতে পরান ছুটে চলি সবে
পথে পথে দিশাহারা!
স্তব্ধ বাহন,স্তব্ধ বাজার
ফাঁকা কল-কারখানা-
নিজেরে করেছি গৃহতে বন্দী
জন সমাবেশ মানা!
বন্ধ ব্যবসা, বন্ধ অফিস
লেখাপড়া ইস্কুলে,
অর্থের পিছে ক্রমাগত ছোটা
সকলই গিয়েছি ভুলে!

মুটে মজুরেরা হারিয়েছে কাজ
রোজগার গেলো শেষে!

রোগে ভুগে মরে বৃদ্ধ বনিতা
মহামারী সারা দেশে!
নাক মুখ আজ ঢেকেছি মুখোশে
শরীর রেখেছি মুড়ে,
ভুলেছি বন্ধু, পরমাত্মীয় -
দেখলে পালাই দূরে!
এ কেমন লীলা তোমার বিধাতা!
ভুলে ভেদাভেদ জ্ঞান-
কিভাবে বাঁচাবো সাধের জীবন
সকলের এক ধ্যান!
নিরীহরে করো উদ্ধার প্রভু
অশান্ত ধরাতলে!
করে দাও ক্ষমা মানবজাতিকে
হতে তোমা রোষানল এ!

৯৭.দীর্ঘজীবী হও তুমি মরীচিকা

রতন বাবুর দেওয়াল ঘড়িটা কুড়ি মিনিট ফাস্ট।
তিনি তা জানেন। ইচ্ছা ক'রেই তা ক'রে রাখা।
তবুও সেটা দেখেই তিনি সকাল থেকে
দৌড়াদৌড়ি ক'রে
রোজ রেডি হন,
কলেজে যাবার জন্য!
আশা, তাহলে রাইট টাইমে ট্রেনটা পাবেন!

প্রতি বিকেলে পাড়ার বাচ্চা গুলো
কাটা ঘুড়ির পিছনে রোজ দৌড়োয়,
জানে পাওয়া যাবে না,তাও।
আশা, কোনো গাছের ডালে ঠিক আটকাবে
একটা না একটা !

বেকার ছেলে রবি,
বাজারের ফুটপাথের দোকান থেকে
পকেট খরচা থেকে বাঁচিয়ে
দশটাকা দিয়ে প্রতি সপ্তাহে
লটারীর টিকিট কাটে একটা।
জানে, জিতবে না কোনোদিনও, তাও
যদি কোনদিন লেগে যায়, এই আশায়!

বুলি তার টালির চালওয়ালা
ভাড়ারবাড়িটার বারান্দায় দাঁড়ায় রোজ,
জবাব দিয়ে যাওয়া নোটনটার পথচেয়ে।
জানে, আর কোনদিনও ফিরবে না সে।
তবুও আশা-

আসতেও তো পারে
আবার কোনদিন!

এই মরীচিকা গুলোই আমাদের পথ চলায়, অনন্ত চলার পথে --
আশায়, দুরাশায়....
আমাদের ক্লান্ত শ্রান্ত মননে, মনের অজান্তে!
মরীচিকা গুলো দীর্ঘজীবী হোক!
অনাদি অনন্তকাল, যুগ যুগ ধরে.....
দীর্ঘজীবী হও তুমি মরীচিকা !

৯৮.চায় শুধু করুণা

প্ল্যাটফর্মের ওভারব্রীজে
শুয়ে থাকা ভিখারীটা-
তার তোবড়ানো বাসন এগিয়ে দিয়ে
শুয়ে থাকে নির্লিপ্তভাবে।
কারণ সে ভিক্ষা চায় না।
কেউ পাশ দিয়ে যাবার সময় ছুঁড়ে দেবে
একটাকার একটা কয়েন,
চায় শুধু এইটুকু করুণা-

বাবু বাজার থেকে ফিরলেই
রাস্তার কুকুরটা রোজ লেজ নাড়তে নাড়তে
দাঁড়ায় এসে তাঁর গেটের বাইরে।
পোষাবিড়াল গুলোকে তিনি যখন
মাছের ফুলকোগুলো খেতে দেবেন,
সে শুধু দাঁড়িয়ে দেখবে, কিন্তু চাইবে না।

যদি কখনো মুখ ফিরিয়ে ছুঁড়ে দেন একটা
তারও দিকে,
চায় শুধু এইটুকু করুণা!

লালবাতির গলিতে
পঁয়ষট্টি বছরের ললিতা-
আজও দাঁড়িয়ে থাকে তার কোঠার দোড়গোঁড়ায়
তার বলি পড়ে যাওয়া কপালে একটা বড় টিপ
আর ঝুলে পড়া গালে একটু পাউডার মেখে,
চায় না সে কোন টেরিবাগানো বাবু,

যদি কোন অবহেলিত প্রৌঢ়
পথে যেতে যেতে
ভুলেও চায় একবার তার দিকে
চায় শুধু এইটুকু করুণা!

জৈষ্ঠ্যের কাঠফাটা রোদ্দুরে
চৌচির হৃদয়ভূমি চায় না তার সেই
শ্রাবণঘন মেঘের অবিশ্রান্ত বর্ষণ,
ইলশেগুড়ির ধারায় ভিজিয়ে দিয়ে যাক
তার শুকনো ধুলোগুলো-
চায় শুধু এইটুকু করুণা!

৯৯.হোক মিছে সেও ভালো

অলস সে অবসরে
নির্জন নদীতীরে
বিবশিত, বসে বসে দেখিয়া স্বপন!
রচি শুধু মনগড়া ,
জানি দেবে নাকো ধরা
সে স্বপন কদাচিত,
কদাপি-কখন!

বসে একা বালুচরে,
বালি দিয়ে ঘর গ'ড়ে
মনের মতন!
ঢেউ এসে বারে বারে
ধুয়ে নিয়ে যায় তারে ,
তবু গড়া পুনরায়
ভরিয়া যতন!

বারে বারে পিছু ফিরে
যাওয়া সে অতীতে ভিড়ে
খুঁজে পেতে হারানো রতন!
স্মৃতির রোমন্থনে
শান্তি আসে যে মনে,
তাই হেরি অকারণে,
হোক পুরাতন!
জানি সবই মিছে আশ
ভরে রয় বারোমাস

মনের গহন!
হোক মিছে সেও ভালো,
যদি বিষাদের কালো,
দূরে রয় ত্রিসীমার -
ক'রে তা বহন!